KB038397

착한 **중국**
나쁜 **차이나**

착한 중국 나쁜 차이나

초판 1쇄 발행 2022년 4월 25일
초판 2쇄 발행 2024년 4월 25일

지은이 임대근
펴낸이 정해종
편　집 현종희
디자인 유혜현

펴낸곳　　㈜파람북
출판등록　2018년 4월 30일 제2018-000126호
주소　　　서울특별시 마포구 와우산로29가길 80(서교동) 4층
전자우편　info@parambook.co.kr
인스타그램　@param.book
페이스북　www.facebook.com/parambook/
네이버 포스트　m.post.naver.com/parambook
대표전화　02-2038-2633

ISBN 979-11-92265-25-4 03300
책값은 뒤표지에 있습니다.

착한 중국
나쁜 차이나

임대근 지음

파람북

중국을 알아야 하는 이유

"가깝고도 먼 나라"

원래는 일본을 두고 하는 말이다. 이제는 중국을 가리켜 이
말을 써도 느낌이 그럴듯하다. 우리와 어깨를 맞대고 사는 이웃
이면서도, 서먹한 감정이 서로 커지고 있는 나라다.

한반도가 국경을 맞대고 있는 건 딱 두 나라, 러시아와 중국
뿐이다. 두만강 하류의 러시아 쪽 국경이 39.13km인데, 압록강
과 두만강 대부분을 경계로 하는 중국 쪽은 무려 1334km나 된
다. 중국 산둥반도와 겨우 300km 떨어진 서해 어청도에서는
"중국 칭다오의 닭 우는 소리가 들린다"라는 이야기가 전해질
정도다.

가깝다 보니 친하기도 하지만 싸우기도 한다. 인간관계와
비슷하다. 아예 모르는 사람을 좋아하거나, 멀리 있는 사람과
다툴 일은 드물다. 문제도 생기고 갈등도 일어나게 되는 이유는
좋든 싫든 함께 살아가야 하는 이웃이라서다. 그러니 중국은 저

멀리 있는 유럽이나 아프리카, 라틴아메리카의 어떤 나라보다 더 중요하다.

역사를 돌아보면, 가까웠기 때문에 복잡한 문제가 자주 일어났다. 중국은 우리 역사의 결정적인 순간에 늘 개입했다. 고조선 시대 한사군의 설치, 신라와 당나라의 연합으로 이뤄진 삼국통일, 고려 말 원나라의 침공, '명나라를 치게 길을 내 달라'라는 명분으로 시작된 임진왜란과 명나라의 파병, 청나라가 일으킨 병자호란, 임오군란과 청군의 파병, 한국전쟁 시절 중공군의 개입에 이르기까지 우리나라 역사를 중국과 떼어놓고 생각할 수 있는 시기는 단연코 없다.

지정학적으로는 물론, 지리 문화학적으로도 중국은 영원히 우리의 숙제다. 유가와 불교, 도가를 중심으로 한 사상의 전래는 우리 문화의 중요한 고갱이가 되었다. 한자 역시 우리의 생각을 써내는 유용한 도구였다. 유가나 한자 모두 중국에서 왔지만, 모두 한반도에서 재해석되어 우리 문화의 일부가 됐다. 그래서 유가문화권, 한자문화권이라는 말이 생겨난 것 아니겠는가. 우리가 중국과 정치적으로 적대하고 중국을 중공이라 부르던 시절에도 우리는 중국에 대한 상상의 지도를 그리고 있었다. 우리 문화와 중국 문화가 어떤 점에서 같고 다른지 잘 살펴본다면, 중국은 물론 우리 자신을 더 잘 이해할 수 있다.

경제는 굳이 말할 필요도 없다. 재화의 흐름은 살림살이의 기본이다. 2020년 기준으로 우리는 중국에 1325억 달러를 수출했고, 중국에서 1088억 달러를 수입했다. 수출도 수입도 모두 1위다. 수출, 수입 모두 2위인 미국과 격차는 두 배 가까이다. 그만큼 우리와 중국은 경제적으로 긴밀하게 얽혀있다.

우리는 중국과 좋은 시절, 안 좋은 시절을 겪으며 관계를 이어오고 있다. 설령 사이가 안 좋다고 해서 중국 알기를 게을리하면 정말 중요한 때 중국의 전략에 제대로 대응하지 못할 수도 있다. 우리 역사가 보여준 대로, 중국은 우리 삶의 결정적인 순간에 반드시 등장할 것이다. 중국이라는 나라를 알아가는 일은 그래서 중요하다.

여기 실린 글은 YTN라디오에서 2019년 3월부터 2020년 11월까지 〈3분 차이나〉라는 프로그램을 통해 중국을 속속들이 파헤친 결과물이다. 라디오에서는 모두 396꼭지를 다뤘지만, 책으로 펴내면서 글을 솎아내고 다듬었다. 우리는 영원히 중국을 모르고 살아갈 수 없다. 중국을 알아야만, 우리의 과거를 제대로 알 수 있고, 중국을 알아야만, 우리의 미래를 제대로 설계할 수 있다. 그런 마음으로 이 책을 세상에 내어놓는다.

2022년 4월
임대근

차례

① 가운데 나라, 중국

② 중국을 상징하는 것들

③ 우리가 몰랐던 중국 옛이야기

4 파란만장한 중국 근·현대 역사

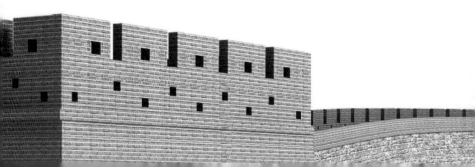

❼ 대만과 홍콩은 어디로?

8 중국의 적과 이웃들

1

가운데 나라,
중국

세상의 중심이라는 생각, 중화주의

중국의 공식 이름은 중화인민공화국이다. 그래도 사람들은 가운데 있는 나라, 중국(中國)이라는 표현을 더 많이 쓴다.

중국. 그 이름에서부터 어쩌면 이렇게 자기중심성이 잔뜩 묻어나는 걸까? 하지만 중국은 그런 나라다. 인류 4대 문명 가운데 하나인 황하문명을 창조했다는 자부심, 끝 모를 드넓은 땅과 풍부한 자원, 셀 수 없을 만큼 수많은 사람, 거기에 최근 30년 동안 고속으로 성장한 경제력까지, 중국은 말 그대로 세상의 중심을 향해 달려가는 중이다.

중화인민공화국이 세워지기 전에는 중화민국이라는 이름이 있었다. 중화민국은 1911년 신해혁명으로 생겨났고, 한때 중국 전역을 손에 넣기도 했다. 중화민국은 지금도 대만이 쓰고 있는 국호로, 당시에도 중국이라는 표현을 역시 더 많이 썼다. 중화인민공화국과 중화민국이 같이 쓰는 '중화'라는 이름은 옛날 황하강 유역에서 살았던 '화하족'에서 나왔다. 이 화하족이 중국인들의 선조다. 오랫동안 중국 사람들은 황하가 천하의 한가운데라고 믿었다. 곧 중화사상이다.

중국이라는 말 자체도 오래전부터 쓰였다. 3천 년 전쯤 만들어진 『시경』이라는 시 모음집에 벌써 중국이란 말이 등장했다. 춘추전국시대 『장자』, 『한비자』 같은 책에도 중국이라는 말이 나온다. 역시 화하족이 천하의 가운데를 차지하고 있다는 말이었다. '중'(中)이라는 한자를 보면 긴 꼬챙이가 어떤 사물을 관통하는 모습이다. 이렇게 뭔가를 꿰뚫는 그림을 그려놓고 '가운데'라는 뜻으로 새겼다. 어쩌면 옛날 사람들이 사냥으로 잡은 짐승이 화살에 명중한 모습을 본뜬 그림일 수도 있겠다. 이 '가운데 중'에 '나라 국'(國)이 더해져 중국이라는 말이 됐다.

중국의 바깥을 둘러싼 지역을 중국인들은 '사방'이라고 했다. 오래전부터 "세상의 중심"이라는 생각이 그들에게는 강하게 자리 잡고 있었다. 이런 생각은 우리를 포함한 이웃 나라에도 많은 영향을 미쳤다.

지금부터 약 180년 전인 1842년, 중국은 영국과의 아편전쟁에서 패배했다. 그리고 나서야 뭔가 잘못됐다는 깨달음이 중국 안팎에서 생겨났다. 그런데 요즘 중국을 보면, 여전히 "세상의 중심은 나"여야 한다는 강박이 강해 보인다. 세상의 중심은 하나가 아니다. 존재는 그 누구라도 저마다 자신의 중심을 갖고 살아간다.

대륙의 스케일, 9,596,961km²

'중국' 하면 떠오르는 이미지가 많지만, 그중에서도 손꼽히는 것이 '대국' 아닐까. 중국은 대체 얼마나 넓을까?

중국의 국토 면적은 959만 6961km²(평방킬로미터)다. 우리에게 익숙한 평 단위로 환산해 보면, 무려 2조 9천억 평 정도다. 실감이 나지 않는 숫자다. 무려 한반도 면적(22만 847km²)의 43배나 된다! 남한 면적(10만 210km²)으로 계산하면 95배다.

중국의 웬만한 성(省) 하나의 면적이 우리나라보다 크다. 예를 들면 서남부 지역에 있는 쓰촨성은 면적이 48만 5천km², 인구는 8천 8백만 명이나 된다. 남한 면적보다 다섯 배 크고, 인구도 훨씬 많다. 중국의 성 가운데 가장 면적이 작은 곳이 장쑤성이다. 중국 전체 면적의 1.1%에 지나지 않는 장쑤성의 면적이 10만 7200km², 남한과 거의 비슷한 수준이다.

우리나라에는 서울특별시나 부산광역시처럼 '특별시'나 '광역시'라는 행정단위가 있듯, 중국에는 '직할시'라는 행정구역이 있다. 성과 같은 급의 도시들로, 베이징, 상하이, 충칭, 톈진 네 곳이다. 그중 가장 큰 도시는 충칭시로, 면적이 8만 2300km²다. 우리나라 면적의 80%에 육박한다. 인구도 3천만 명이 넘는다.

상하이는 면적이 6340km²다. 서울시 면적과 비교해보자.

서울시 면적이 약 605km² 정도다. 서울만 한 도시 10개가 모여있다고 생각하면 된다. 베이징은 어떨까? 베이징 시는 1만 6410km²로, 상하이나 심지어 한국의 경기도보다도 훨씬 크다. 서울의 27배 이상이니 실로 어마어마하다. 한국인이 주로 경험하는 베이징이나 상하이는 오직 도심 지역으로, 도시의 구석구석까지 답파하기란 쉽지 않을 대륙의 스케일이다.

어디까지 길어질 건지, 만리장성

중국을 상징하는 인조 건축물은 뭐니해도 만리장성이다. 중국에서는 보통 '긴 성'이라는 뜻으로 '장성'(長城)이라고만 부르고, 영어로는 '위대한 벽'이라는 뜻으로 '그레이트 월'이라고 한다. 2017년에는 중국의 장이머우 감독이 연출한 〈그레이트 월〉(The Great Wall)이라는 영화도 선보였다.

세계 7대 불가사의로도 꼽히고, 달에서도 보인다는 다소 허무맹랑한 이야기로도 귀를 솔깃하게 한다. 무척 길기에 '만 리'(3927km)라는 이름이 붙었을 텐데, 만리장성의 정확한 길이는 도대체 얼마나 될까? 실제 만리장성의 길이는 6352km, 1만 6000리 정도라고 하니 그 이름보다 훨씬 긴 셈이다. 서울에서

부산까지 편도로 20번(325km), 왕복하면 10번을 왔다갔다 할 거리다.

중국은 최근 만리장성의 길이를 늘이는 정책을 펴고 있다. 6352km는 동쪽 끝을 산하이관, 서쪽 끝을 쟈위관이라는 곳으로 설정했을 때의 길이다. 2009년에 중국 정부는 동쪽 끝을 후산으로 연장하면서 8851km가 된다고 발표했고, 2012년에는 동쪽을 다시 무단강, 서쪽 끝을 신강위구르자치구의 하미까지 연장해서 무려 2만 1196km나 된다고 발표했다. 1987년에 이미 유네스코 세계문화유산이 됐음에도 정치적인 이유, 그러니까 "거대한 중국은 하나"라는 모습을 보여주기 위해 옛 고구려 성곽까지 만리장성에 포함하고 있다는 비판을 받고 있다.

만리장성은 흔히 진시황이 세웠다고 알고 있지만 이런 대규모 토목 공사를 한 시대에 다 완성할 수는 없었다. 진시황은 그 이전에 여러 나라들이 축조해 놓은 성곽을 연결하는 작업을 했을 뿐이다. 세월이 갈수록 성곽이 훼손되고 붕괴되다 보니 지속적으로 보수를 했다. 오늘날 우리가 보는 만리장성은 대체로 명나라 때 보수된 것이다.

만리장성은 기본적으로는 북방 민족의 침입을 방어하기 위한 군사적 목적으로 건축됐다. 그러나 장성의 구분선은 고대에 유목업과 농업이 가능한 지역을 가르는 산업적인 의미도 있고, 그에 따라서 문화적인 의미도 갖게 됐다.

중국의 도시 서열, 베이상광

중국은 땅도 넓은 만큼 도시도 많다. 중국에서는 도시를 규모에 따라서 '일선도시', '이선도시', '삼선도시' 하는 식으로 구분하는 관습이 있다. 보통 다섯 등급, 그러니까 '오선도시'까지 나누곤 한다.

기준은 도시별 GDP, 인구규모, 과학연구 수준, 도시의 전체적인 활성화 같은 지표들을 활용해서 종합적으로 판단한다. 그렇다면 '일선도시'는 어디일까? 베이징, 상하이, 광저우, 선전 이렇게 네 곳이다.

특히 베이징, 상하이, 광저우는 중국어로 간단하게 '베이상광'이라고 줄여 부를 만큼 중국을 대표하는 도시다. 거기에 1990년대 이후 경제특구로 급성장한 선전이 들어갔다. 요새는 중국 도시가 하루가 다르게 발전하다 보니, '일선'이라고 하기는 어렵지만 규모가 꽤 큰 도시가 여럿 생겨났다.

그래서 '일선'에 준한다 해서 '준일선', 새로운 일선이라는 '신일선' 같은 명명법도 쓰고 있다. '준일선'은 톈진, 충칭, 우한, 청두, 항저우, 난징 같은 도시고, '신일선'은 칭다오, 시안, 쑤저우, 창사, 다롄, 선양, 닝보, 정저우 같은 도시다.

이건 말 그대로 정하는 사람 마음이기 때문에 의견이 모두 같지는 않다. 이런 구분은 중국 정부가 공식적으로 발표하는 게 아니라 주로 언론매체를 중심으로 유행하는 방법이다. 대부분의 중국인은 이런 구분에 아주 익숙해있다. 대체로는 경제적인 이유 때문에 생겨난 개념이라 일부에는 부동산 가격이 높으면 '일선도시'가 되는 것 아니냐 하는 비판도 없질 않다. '일선', '준일선', '신일선'을 합하면 20개 안팎이 되고, 그다음부터는 급이 확 떨어지는 '이선'으로 넘어간다.

'이선도시'에는 쿤밍, 지난, 샤먼, 우루무치 등 30개 정도가 있다. '삼선도시'에는 주하이, 양저우, 구이린 등 70개 정도가 있다. 도시가 많다 보니 이렇게 줄을 세우고도 더 남는다.

자존심 대결, 베이징 대 상하이

중국에도 지역감정이 있다. 사람 사는 곳은 어디나 비슷하다. 물론 지역감정이라는 표현을 쓰는 건 아니다. 중국은 크게 북부와 남부로 나뉜다. 또는 황하와 장강을 기준으로 화북(華北), 화중(華中), 화남(華南)으로 나누기도 한다.

중국말에 "동북 호랑이, 서북 이리, 남쪽은 그저 순한 양"(東北虎, 西北狼, 南方人是只大綿羊)이라는 말이 있다. 그럴듯한 말이다. 그중에도 중국을 대표하는 두 대도시 베이징과 상하이는 적잖은 긴장 관계를 보여준다.

베이징 사람은 중국을 대표하는 수도에서 산다는 자부심이 크다. 상하이 사람들은 자신이 중국 경제를 이끌어나간다는 자긍심을 가지고 있다. 베이징은 정치와 군사, 상하이는 경제와 문화를 대표한다.

베이징 사람은 '몐쯔'(面子), 체면을 매우 중요하게 생각한다. 사회적 지위나 학벌을 잘 따지다 보니 좀 권위적이라는 느낌이 들 때도 있다. 베이징에 세워진 건물은 육중하고 웅장한 모습을 많이 볼 수 있는데, 바로 그런 특성을 반영한 결과다.

상하이 사람은 현실적이고 계산적이다. 180년 전부터 개항한 도시라서 외국인을 만날 때도 부드럽고 개방적인 태도를 보인다. 하지만 돈을 밝히고 상술에 뛰어나다. 그래서 오래 사귄 친구 사이에도 개인적인 이해관계가 얽히면 단번에 연락을 끊어버리는 경우가 있다.

두 도시의 자존심 대결은 아편전쟁이 끝나고 상하이가 대도시로 급성장하면서 생겨나기 시작했다. 베이징의 문화를 일컫는 '경파'(京派)라는 말과 상하이의 문화를 일컫는 '해파'(海派)라는 말이 팽팽하게 맞서 왔다.

근대 이후 중국의 역사는 둘 중 어느 한 도시가 부상하면, 다른 한 도시가 상대적으로 약해지는 과정을 겪었다. 1930년대에는 상하이가 문화와 경제의 도시였고, 1950년대부터는 베이징이 정치와 군사의 도시로 떠오르면서 상하이의 기능을 흡수했다. 1980년대부터는 상하이가 다시 경제와 문화 기능을 되찾기 시작했다. 하지만 정치의 힘이 강해지고 있는 지금은 베이징의 시대라고 해도 좋겠다.

왜 중국의 수도는 베이징일까, 주체의 난

우리나라의 수도는 서울, 중국의 수도는 베이징이다. 베이징은 '북쪽에 있는 서울'이라는 뜻이다. 베이징은 어떻게 중국의 수도가 됐을까?

넓디넓은 중국 땅에서 베이징은 상대적으로 동북쪽에 자리 잡고 있다. 그래서 중국 왕조는 대대로 중원을 평정한다는 명목으로 지금의 시안(西安)이나 뤄양(洛陽)처럼 중심에 자리 잡은 도시를 수도로 삼았다. 베이징은 전국시대 연(燕)나라 때 연도(燕都)라는 도읍을 제외하고는 수도였던 적이 한 번도 없다.

그러다 몽골이 중국을 침략해서 원나라를 세우고 처음으로 베이징을 도읍으로 삼았다. 몽골 입장에서는 베이징이 사막을 피해 중국 대륙으로 진출하기에도 좋다고 판단했다. 중국 동북과 중남부를 잇는 요충지이기도 했다. 하지만 몽골에게 베이징은 '북쪽에 있는 서울'이 아니라 남쪽에 있는 도시였다. 그래서 원나라 시절에는 베이징을 대도(大都)라고 불렀다. 대도는 '큰 도시'라는 뜻이다.

그 뒤 주원장이 난징(南京) 지역을 중심으로 명나라를 세운다. 주원장 입장에서는 자신의 지지 기반을 무시하고 이전 왕조의 도읍을 고수할 필요가 없었다. 그래서 난징을 도읍으로 삼았다. 그리고 대도는 북평(北平)이라고 불렀다. 북쪽을 평정했다는 의미였다. 주원장은 71살을 살았고 재위 기간도 31년이나 되었다.

자손이 많다 보니 후계구도가 복잡해졌다. 주원장은 아들이 아닌 손자에게 황제 자리를 넘겨줬다. 주원장의 넷째아들 주체는 어린 조카가 황제가 된 게 몹시 불편했다. 주체는 군사를 일으켜 조카를 몰아내고 명나라 세 번째 황제가 되었다. 그런데 주체는 당시 북평 지역을 다스리던 책임자였다.

황제가 되고 난 주체는 남경에 있기보다 자신의 지지 세력이 모여있는 북평으로 돌아가고 싶어 했다. 그래서 북평에 고궁을 짓고 수도를 옮겼다. 그 뒤로 이곳, 베이징은 600년 동안 중국의 수도 역할을 하게 되었다.

베이징의 앤티크 골목길, 후퉁

베이징에는 예부터 전해 내려오는 골목이 많다. 베이징 전통 가옥은 네모반듯한 모양이다. 사각형 둘레를 따라 집을 짓고 가운데 마당은 비워둔다. 네 군데가 잘 맞는다고 해서 '사합원'(四合院)이라 부른다.

이런 사합원이 죽 늘어서다 보니, 집과 집 사이에 골목이 생겨났다. 이 골목을 중국어로 '후퉁'(胡同)이라 부른다. 한자로는 '오랑캐 호'(胡), '같을 동'(同)을 쓰지만 글자의 뜻과는 관련이 없다. 몽골이 원나라를 세운 뒤에 생겨난 이름이기 때문이다.

몽골족은 유목민이기 때문에 우물이 매우 중요하게 여겼다. 우물을 중심으로 마을을 만들고 이름을 지었다. 마을을 이루는 한 단위가 되는 우물이라는 말을 몽골어로는 '호딱'(hottog)이라고 한다. '호딱'이라는 말의 발음만 따서 중국어로 표기한 게 '후퉁'이다.

중국 속담에는 "베이징의 후퉁 중 이름이 있는 건 삼천육백 개이고, 이름이 없는 것은 셀 수도 없다"라는 말이 있을 정도다. 베이징은 후퉁의 도시다. 요즘에는 베이징의 도시 개발로 옛날 후퉁이 낡은 골목으로 취급돼서 철거되는 경우가 적지 않지만, 여전히 고궁 뒤쪽으로는 후퉁이 보존되어있다. 이런 옛 거리를 돌아보는 관광 코스도 개발된 상태다.

후퉁의 이름을 붙이는 방식도 다양하다. 골목의 생김새나 근처 지명, 좋은 뜻의 한자를 가져다가 썼다. 특이한 이름도 적지 않다. 작은나팔후퉁, 까마귀후퉁, 개꼬리후퉁, 모자후퉁 등이 그렇다. 중국어로는 양쪽으로 모두 길이 난 후퉁을 '살아있는 후퉁'이라고 해서 '휘후퉁'(活胡同)이라 하고 한쪽이 막힌 후퉁은 '죽은 후퉁'이라고 해서 '쓰후퉁'(死胡同)이라 표현한다.

베이징 시민의 조건, 후커우

우리나라엔 거주, 이전의 자유가 있다. 오늘이라도 내가 다른 곳으로 이사를 가겠다고 하면 얼마든지 가능하다. 또 누군가 서울 시민이 되겠다고 맘을 먹어도 전혀 문제가 없다. 하지만 중국은 다르다.

베이징이나 상하이 같은 대도시는 아무나 시민이 될 수 없다. 중국 당국이 대도시 인구 억제 정책을 쓰다 보니, 베이징으로 거주를 이전할 자유도 제한되어 왔다. 이런 정책은 부작용을 만들어냈다. 베이징 시민은 일등 시민이고 다른 지역 사람은 이등 시민이라는 차별 감정이 생겨났다. 중국에서는 베이징의 시민이 된다는 말을 "베이징 후커우를 갖는다"라고 표현한다. '후커우'(戶口)는 우리말로 '호구'인데, '호'는 가족 단위, '구'는 인구를 가리킨다.

그렇다면 누가 베이징 시민이 될 수 있을까? 우선 베이징 시민과 결혼한 경우다. 하지만 이때도 조건이 까다롭다. 상대가 만 45세일 경우에는 결혼 생활 10년을 유지했다는 증명이 있어야 한다. 45세에서 55세까지는 결혼 생활 5년 유지, 55세가 넘어가면 결혼 생활 2년을 유지했다는 증빙이 있어야 한다. 자녀를 데려오려고 하면 그 나이가 18세를 넘지 않아야 한다. 이런 경우, 신청하고도 최장 50일을 기다려야 한다.

군인으로 복무하고 전역하거나, 베이징에서 대학을 입학한 뒤 졸업해도 베이징 시민이 될 수 있다. 그러니 다른 지방에 있는 고등학생은 베이징에 있는 대학에 들어가려고 치열한 경쟁을 치른다. 요즘에는 거액을 투자하는 기업인이나, 금융, 과학, 스포츠, 문화예술 분야의 전도유망한 사람에게 특혜를 주기도 한다. 중국 상황을 보니 살고 싶은 도시에서 마음대로 살 수 있는 상황은 새삼 고맙다는 생각이 들기도 한다.

대리석의 고향, 다리

우리나라 도시 '안성' 하면 떠오르는 것은? 라면 이름을 떠올리는 사람이 많지 않을까? 안성탕면! 이렇게 지역 이름이 상품과 만나서 그 지역을 상징하는 경우가 종종 있다. 안성은 라면뿐 아니라 포도나 인삼 같은 특산물도 많고, 특히 유기그릇이 유명해서 안성맞춤이란 말도 생겨났다.

중국 도시 중에도 이름을 앞세워 특산물을 생산하고 있는 곳이 있다. 대리석이 그런 경우다. 대리석은 말 그대로 대리(大理), 중국 발음으로는 '다리'라는 곳에서 나는 돌이라는 뜻이다. 다리는 중국 서남쪽 윈난성에 있는 도시다. 소수민족 백족(白族)이 많이 살아서 '다리백족자치주'라는 행정구역을 이루고 있다. 전체 인구는 약 360만 명 정도여서 그렇게 큰 도시는 아니다. 이곳에서 바로 대리석이 생산되면서 더 널리 알려지게 되었다.

대리석은 석회암의 일종이다. 표면이 매끄럽고 아름다워서 좋아하는 사람이 많다. 표면 문양이 마치 수묵 산수화 같아서 옛날에는 주로 그림을 그리거나 부조를 할 때 많이 이용했다고 한다. 그러다가 다양한 색깔 때문에 건물을 지을 때 유용하게 활용될 수 있다는 사실을 알고 건축에 활용하기 시작했다.

하지만 윈난성 다리는 대리석만으로 이름이 나 버린 것이 조금 억울할 수도 있다. 라면으로 이름난 안성처럼 말이다. 왜냐하면 다리는 해발 2000m에 자리 잡고 있어서 사시사철 기온이 따뜻할 뿐만 아니라, 풍광도 아름답고, 소수민족 문화도 잘 보존하고 있기 때문이다. 중국 내에서도 손색없는 여행지로 꼽힌다. 해외로 나가 갑갑함을 털어버릴 기회를 찾는 중이라면, 대리석의 고장, 다리를 떠올려 보자.

짧은 봄이 아쉬워라, 창춘

봄이 오면 생각나는 중국의 도시가 있다. 이름에 '봄 춘'(春)이 들어간 도시다. 우리나라에도 '봄의 시내', 춘천이라는 아름다운 이름의 도시가 있는데, 중국에는 '긴 봄'이라는 뜻의 창춘(長春)이라는 도시가 있다. 그런데 명칭과는 달리 이곳은 중국 북쪽에 있기에 사실 봄이 아주 짧다. 봄이 길게 이어지기를 바라는 마음을 담은 것이다.

이곳은 예부터 만주족이 살던 땅이었다. 옛날 만주족 지도자가 하늘에 제사를 지내면서 '차아충'이라고 기도를 했다고 한다. 그 발음이 변해서 창춘이 됐다는 이야기도 있다. 창춘은 또

꽃 이름이기도 하다. 봄이면 활짝 피는 장미가 바로 창춘이다. 월계화, 산자화라고도 불리는 중국장미다.

이렇게 아름다운 이름을 가졌지만 도시의 운명은 그리 순탄하지 않았다. 창춘은 교통의 요지였다. 중국 동북부에 자리 잡고 있던 만주족이 청나라를 세우면서 남부로 진출하려고 했을 때부터 그랬다. 1899년에는 러시아가 기차역을 세우면서 일본과 갈등을 빚기 시작했다. 러시아에게도 그렇고 일본에게도 그렇고 창춘은 중국으로 진출하는 데 매우 중요한 도시였다.

기차역이 세워지면서 창춘은 당시 조선 사람들이 간도 지역으로 이동하는 정거장 역할을 했다. 일본이 물러간 뒤에 보니 중국에서 심양과 창춘에 조선 사람이 가장 많이 살고 있었다고 한다.

1931년, 호시탐탐 창춘을 노리던 일본이 결국 도시를 손에 넣었다. 이른바 만주사변이었다. 그리고 이듬해 3월 청나라 마지막 황제 푸이를 내세워 만주국이라는 나라를 세우고 도시 이름을 신경, '새로운 서울'로 바꿨다. 신경이 다시 창춘으로 돌아온 건 일본이 패망한 1945년 이후의 일이었다. 봄이 좀 길게 이어지기를 바라는 마음은 창춘만이 아니라 우리도 마찬가지 아닐까.

대륙이 선정한 찜통 도시들, 4대 화로

우리나라 대도시 중 여름철 더위의 기세가 가장 뜨거운 도시는 대구다. 중국에도 '화로'라고 불리는 도시들이 있다. 바로 충칭, 우한, 난창, 창사 이렇게 네 곳으로, 이른바 '4대 화로'라고 불린다. 여름이면 불솥으로 들어가는 도시들이다. 무더위에는 베이징이나 상하이 지역의 기온도 40도에 육박하곤 하지만, 4대 화로의 살인적인 더위는 그곳들을 능가한다.

충칭은 1981년 이후 여름철 35도가 넘어가는 날이 11일이나 되고, 38도가 넘는 날은 7일이나 된다. 우한은 7~8월의 평균기온이 38.7도에 이른다. 난창과 창사도 35도를 넘는 날이 많다. 이 도시들은 한국의 대구처럼 분지 지형에 위치한다. 그리고 대부분 중국 남부 창장(長江, 양쯔강) 지역에 집중돼있다.

중국 네티즌들은 기상청이 발표하는 높은 기온이 계속되는 날 수, 여름철 평균 기온, 최저 기온 같은 요소를 가지고 '화로 도시'를 선정한다. 이들에 의해 2017년부터는 새로운 '4대 화로'가 생겼다. 우한과 창사가 빠지고 대신 푸저우와 항저우가 들어갔다. 역시 둘 다 남부 지역이다.

더운 여름철 중국에는 사건 사고가 끊이질 않는다. 2010년은 더위가 역대급으로 기승을 부리던 해였는데, 그해 7월 말 중국 일부 지역의 기온은 40도가 넘어갔다. 지난이라는 도시에서 실외 작업을 하던 노동자 8명이 집단으로 사망하는 사고가 있었다. 같은 해 신장에서는 44도에 이르는 고온으로 20명의 환자가 발생하고 그중 3명이 숨지기도 했다.

중국에서는 더위로 발생하는 질병을 115개 직업병 중에 하나로 정해놓았다. 여름에 중국에 갈 일이 있다면, '4대 화로'만큼은 가능한 피하는 게 상책이다.

백두산은 시원해! 중국의 피서지들

더운 여름 중국의 기온은 40도까지 치솟기 때문에 피서를 가는 사람이 많다. 중국인이 좋아하는 피서지는 어디일까? 넓디넓은 중국 땅에서 중국인이 자주 찾는 피서지 네 군데를 살펴 보자.

우선 압도적인 1등은 백두산이다. 백두산은 여름이 짧고 시원해서 최적의 피서지로 손꼽힌다. 연평균 온도가 영하 7도에서 영상 3도밖에 되지 않는다. 가장 더운 7월의 평균 기온도 10도를 넘지 않는다. 천지는 물론이고 폭포와 온천을 즐기고 숲속을 거닐다 보면 더위는 꼼짝 못 하고 물러가게 된다.

두 번째는 칭하이호수다. 서북쪽 티베트고원에 위치한 이곳은 중국 최대의 내륙호로, 호수인지 바다인지 구분이 되지 않을 정도로 엄청나게 크다. 일조량이 풍부하고 여름에 시원한데다, 비취 같은 물빛과 초원이 어우러져 마치 한 폭의 그림 같은 풍경을 자아낸다.

세 번째는 랴오닝반도 남쪽에 있는 해안 도시 다롄이다. 한동안 우리나라 기업도 많이 진출해있던 곳이다. 산둥반도와 마주보고 있는 데다 해양성 기후와 대륙성 기후가 만나면서 겨울에는 따뜻하고 여름에도 그다지 덥지 않다. 연평균 기온이 10.5도밖에 되지 않는다. 도시 전체가 피서지로, 여러 가지 편의시설도 잘 마련돼있다.

네 번째는 청더피서산장이다. 옛날 중국 황제들이 여름이면 피서를 가곤 했던 곳으로 유명하다. 내몽골 고원과 화북 지역의 평원이 만나는 곳에 자리 잡고 있다. 풍광이 아름답고 산과 물로 둘러싸여있는 데다 기후도 딱 알맞아서 더위를 피하기에는 더없이 좋은 곳이다.

중국 공산당의 여름 피서지, 베이다이허

중국 공산당은 더운 여름철 단체로 피서를 간다. 그리고 피서지에서 회의를 연다. 이른바 '베이다이허회의'다. 베이다이허는 베이징에서 동쪽으로 280km 정도 떨어진 곳의 지명이다. 허베이성 친황다오시의 한 구이다.

친황다오 시내에서 발해만으로 흘러 들어가는 작은 강이 있는데, 그 강이 다이허다. 베이다이허는 바로 다이허의 북쪽이라는 뜻으로 붙여진 이름이다. 해변에 자리잡은 베이다이허는 아름다운 풍광과 여름철 선선한 날씨 덕분에 휴양지로 잘 알려져 있다.

중국 공산당의 중요한 회의 장소가 된 이유도 바로 이 때문이다. 공산당은 1948년 베이다이허를 점령했다. 전쟁에서 부상한 병사들을 치료하기에 딱 알맞은 곳으로 이 지역을 꼽았다. 요양원을 짓고 병사들을 후송하여 치료했다. 나중에는 모범 노동자들도 이곳에서 쉴 수 있는 기회를 주었다. 1952년에는 공산당 중앙 간부도 1년에 1주일씩 이곳에서 휴가를 보낼 수 있게 했다. 그리고는 1953년 여름, 새 건물을 짓고 당 중앙 간부가 모여 회의를 시작한다. 이른바 중국의 '여름 수도'가 탄생한 것이다.

회의는 10여 년간 계속되다가 문화대혁명 시절 중단됐다. 그리고 1984년 덩샤오핑에 의해 다시 시작됐다. 공산당 지도자들이 여름철에 모여 회의와 피서를 병행한다. 요즘에는 워크숍 형태로 회의를 갖는다고 전해진다.

공산당 중앙정치국 위원은 물론 성, 시, 자치구의 당서기가 참석해 중요한 정치, 경제, 사회 문제를 논의하고 결정한다. 이 회의는 일정과 내용이 철저히 비공개로 진행된다. 그 때문에 회의가 끝나고 나면, 여러 가지 확인되지 않은 사실들이 소문으로 나돌기도 한다. 시진핑 주석의 권위가 무너졌다느니 특정 인물이 실각했다느니 하는 소문들이다. 하지만 대부분 말 그대로 소문일 뿐이었다.

지도의 깨달음, 마테오 리치

코로나19는 세상에 대한 생각을 많이 바꿔놓았다. 이제 조금씩 진정되고 있기는 하지만, 또 언제 어떻게 비슷한 일이 벌어질지 모를 일이다. 특히 해외를 오가는 길이 거의 막히면서, 세계화니 '글로벌'이니 했던 말들이 앞으로는 어떤 의미를 갖게 될지 자못 궁금해진다.

우리가 사는 이곳을 한자어로는 '세계'라고 한다. '세계'는 일본 학자들이 메이지유신 즈음에 일본 학자들이 영어의 'world'라는 말을 번역한 것이다. 이 말이 우리와 중국으로 전해지면서 세 나라가 같은 표현을 쓰게 되었다.

'세'(世)는 시간, '계'(界)는 공간을 뜻한다. '세'는 한자로 '삼십'이라는 말이다. 글자를 가만히 보면 '열 십'(十) 자 세 개를 이어 써 놓고 아래 가로획으로 마감을 해 놓았다. 30년이 한 세대라는 말과 의미가 통한다. '계' 자의 위에는 '밭 전'(田) 자가, 아래에는 '나눌 분'(分) 자가 있다. 밭과 땅을 나누는 공간 구획의 의미다. 이렇게 세계라는 용어는 시간과 공간이 결합된 상태를 뜻한다.

우리는 누구나 어떤 공간 속에서 정해진 시간을 살아간다. 시간은 삶의 일정한 주기를 통해 자각할 수 있다. 하지만 공간은 자신이 직접 가보지 못하면 정확히 알 수가 없다. 이런 한계를 보완해주는 물건이 바로 지도다. 지도는 세상에 대한 이해로 우리를 이끄는 상징적 이미지다.

중국은 예부터 자신이 세상의 중심이라고 여겨왔다. 그래서 지도에서도 중국은 세상의 중심에서 가장 큰 땅을 차지하도록 그렸다. 하지만 명나라 때인 1584년 이탈리아 선교사 마테오 리치가 중국에 도착하자마자, 이런 생각에 균열이 일어나기 시작했다. 마테오 리치가 중국인들이 상상하지 못한 지도를 만들었기 때문이었다. 〈산해여지전도〉라는 세계지도였다. 실제 세계 지리를 반영한 지도였기 때문에, 중국이 상대적으로 작아졌다. 이 지도가 만들어지자 비슷한 지도가 여러 종류 나오기 시작했다.

마테오 리치는 그것으로 중화주의를 약화시켜 가톨릭을 받아들이게 하려고 했다. 이 때문에 중국인들은 이런 지도가 중국을 무시한다고 비판했다. 하지만 이런 생각도 오래가지는 못했다. 중국도 자신이 세상의 중심도 전부도 아니라는 사실을 차츰 깨닫기 시작했다.

2

중국을
상징하는 것들

중국의 국경일은 단 하나, 궈칭

10월 1일은 중화인민공화국 수립 기념일이다. 중국어로는 '궈칭'(國慶: 국경)이라고 한다. 우리는 4대 국경일을 정해놓고 있는데, 중국은 오직 이날만을 '국경절'이라고 부른다. 1949년 10월 1일, 중국 공산당은 베이징 천안문광장에서 이른바 '개국대전', 나라를 여는 큰 의식을 거행했다. 마오쩌둥은 천안문 성루에 올라가서 중화인민공화국의 수립을 선포했다. 1921년 중국 공산당이 창당한 지 28년 만에 중국 대륙을 완전히 접수한 사건이었다.

중국 공산당은 창당 후에 전쟁을 거듭했다. 그 과정에서 국민당과 일본에 포위당해서 대장정이라는 전략적 후퇴도 감행했다. 하지만 대장정은 역설적으로 공산당이 중국 농촌과 산촌 지역에 뿌리내리면서 민심을 얻는 계기가 되었다. 중국 대륙의 서북쪽 옌안(延安)이라는 곳에 둥지를 튼 공산당은 당시 대륙을 침략한 일본 제국주의와 국민당 군대라는 이중의 적과 맞서 싸웠다.

공산당은 우선 외부의 적을 물리치자는 방침을 세우고 국민당과 힘을 합쳤다. 국민당과 공산당이 협력해서 일본을 물리치자는 전략, 일명 '국공합작'이었다. 1931년부터 본격적으로 중국을 침략하기 시작한 일본은 1945년 제2차 세계대전에서 패망하여 쫓겨갔다. 그러자 국민당과 공산당 사이의 전쟁, 국공내전이 벌어졌다.

국민당을 사정없이 몰아붙인 공산당은 1949년 1월 말 베이징을 점령했다. 그해 9월 21일부터 30일까지 베이징에서는 제1차 중국인민정치협상회의가 열렸다. 이 회의는 전국인민대표대회를 대신해서 마오쩌둥을 중앙정부 주석으로 선출했다. 전국인민대표대회는 우리나라의 국회에 해당한다. 이런 과정을 거쳐 나라가 세워지고 나서 오늘까지 70여 년이 흘렀다.

지난 2019년은 사회주의 중국이 수립된 지 꼭 70주년이 되는 해였다. 그래서 중국 정부는 그 어느 때보다도 화려하게 이날을 기념했다. 전국 곳곳에 오성홍기가 나부끼고, 무려 일주일이나 연휴를 즐기며 온 나라가 축제를 치렀다.

작은 별 넷과 큰 별 하나, 오성홍기

중국 국기 이름은 '오성홍기'(五星紅旗)다. 오성은 다섯 개의 별을, 홍기는 바탕의 붉은 깃발을 가리킨다.

'별'이라고 하면 누군가는 윤동주의 "하늘과 바람과 별과 시" 같은 시를 떠올릴지도 모르겠다. 문화권마다 좀 차이는 있겠지만, 별은 대체로 뭔가 추구해야 할 고결한 이상을 뜻한다. 중국 국기에 다섯 개 그려진 별은 인민을 상징한다. 중국에서는 '국민' 대신 '인민'이라는 말을 쓰는데, 구체적으로는 노동자, 농민, 군인을 뜻한다. 오성홍기는 1949년에 한 평범한 중국 국민인 쩡롄쑹이라는 사람이 디자인했다.

당시 중국 공산당은 새로운 국기를 만들기 위해서 디자인을 공모했다. 3천 개 안팎의 도안이 응모됐고 그중에 1차로 선정된 게 38개였다. 1949년 9월, 마오쩌둥은 최종 결정을 위해 중국인민정치협상회의를 소집했다.

그 결과 귀모뤄 같은 쟁쟁한 정치인들이 응모한 디자인을 모두 물리치고 쩡롄쑹의 디자인이 뽑히게 됐다. 그런데 원래 쩡롄쑹이 응모한 국기에는 큰 별 안에 낫과 망치가 들어있었다. 회의에서는 이 문제로 갑론을박했다. 낫과 망치는 소련 국기에도 들어있었기 때문이다. 결국 낫과 망치를 빼기로 하고 오늘날과 같은 노란색 큰 별 하나를 네 개의 별이 둘러싸고 있는 모양으로 결론지었다.

중국 국기의 왼쪽에 있는 큰 별은 중국공산당을 상징한다. 왕별이다. 그리고 나머지 네 별이 바로 노동자, 농민, 도시 소자산계급, 민족자산계급을 상징한다고 정리했다. 군인은 어디 갔을까? 군인은 공산당의 일부이기 때문에 큰 별 안에 이미 들어가있다. 별은 중국에서 전통적으로는 동서남북을 가리키는 방위의 상징이었지만, 사회주의가 된 뒤에는 이렇게 '혁명의 주체세력'을 상징하게 되었다.

중국도 베트남도, 사회주의의 붉은 별

지난 2019년 박항서 감독이 이끄는 22세 이하 축구대표팀이 동남아시아 게임에서 처음으로 금메달을 목에 걸었다. 베트남 사람이 너나 할 것 없이 금성홍기와 우리 태극기를 들고 거리로 나와 기쁨의 축제를 즐겼다는 소식이 전해졌다.

중국 국기인 오성홍기에 별이 다섯 개 있다면, 베트남 국기인 금성홍기에는 붉은 바탕에 황금색 별이 가운데 놓여있다. 사회주의 나라의 국기에는 이렇게 별이 많이 등장한다.

붉은 별이 시작이었다. 별의 다섯 개 꼭짓점이 청년, 군인, 노동자, 농민, 지식인을 상징한다는 풀이다. 어떤 이들은 사회주의 혁명을 이끈 노동자의 손가락과 세계 다섯 대륙을 뜻한다고도 한다. 사회주의의 원조국인 옛 소련에서 먼저 이 별을 사용한 뒤에 다른 나라로 퍼져나갔다. 북한의 인공기에도 붉은 별이 들어있다. 중국은 국기뿐 아니라 국가 휘장에도 다섯 개 별을 그려 넣었다.

중국 전통문화에서 별은 사실 그다지 중요한 상징이 아니다. 그나마 다섯 개의 별, 화성, 금성, 목성, 수성, 토성은 관심을 많이 받았다. 이름이 보여주듯 중국인은 이 별들을 음양오행과 연관지었다.

화성은 붉은색으로 남쪽을 상징한다. 전쟁이 일어날 징조로 보았다. 금성은 흰색으로 서쪽에 해당하며, 죽음과 연관이 있다. 목성은 동쪽, 수성은 북쪽, 토성은 중앙을 상징했다. 하지만 오늘날 별이 품고 있는 상징은 무척 다양하기에, 어디에 갖다 놓아도 자신만의 의미를 만들어낸다. 사회주의와는 거리가 먼 유럽연합의 국기에도 파란 바탕에 노란 별 12개가 원을 그린다. 어떤 이미지가 이전까지의 상징적 의미와 멀어지면 누구든 자신만의 뜻을 담아 재해석할 수 있게 된다.

영화 OST가 국가로, 의용군행진곡

중국 헌법 마지막 부분에는 국기, 국가, 수도 등을 명시적으로 규정하고 있다. 우리나라 헌법에는 이런 규정이 들어있지 않다. 그래서 서울이 수도냐 아니냐 하는 문제로 헌법재판까지 벌어졌다. 또 우리는 아직도 나라의 노래를 뜻하는 국가가 아니라, '애국가'라는 이름을 사용하고 있다. 안익태가 작곡한 노래를 국가로 간주하고 있는 셈이다.

중국은 헌법 141조에 "중화인민공화국의 국가는 〈의용군행진곡〉"이라고 분명히 규정하고 있다. 올림픽이나 아시안게임에서 중국 선수가 우승하면 〈의용군행진곡〉이 울려 퍼진다. 말 그대로 '행진곡'이니 경쾌하고 강한 리듬이다.

"일어나라, 일어나라, 노예가 되기를 원치 않는 사람들이여"로 시작해서 "적들의 포화를 무릅쓰고 전진, 전진, 전진, 나가자"로 끝난다. 이 노래는 유명한 중국의 문인 톈한이 작사하고 작곡가 네얼이 작곡했다.

그런데 이 노래는 처음부터 국가로 만들어진 게 아니었다. 1935년에 나온 〈풍운아녀〉라는 영화의 주제곡이었다. 일본의 중국 침략이 가시화되던 시절, 한 시인이 친구의 희생에 감동받아 최전선으로 나간다는 이야기를 그린 영화다.

영화 때문에 널리 알려진 노래가 입에서 입으로 전해지면서 불리다가, 1949년 10월 1일 국가의 자격을 얻고 천안문광장에서 처음 울려 퍼졌다. 그 뒤 법제화 과정을 거쳐 공식 국가로 인정받게 됐다.

국가를 작곡했던 니에얼은 중국을 대표하는 작곡가였다. 그러나 이 노래를 작곡한 지 두 달 뒤인 1935년 7월 17일, 일본 가나가와현의 구게누마 해안에서 수영을 하다가 익사하고 말았다. 니에얼의 나이 23살 때였다.

천하태평의 바로미터, 천안문

해마다 10월 1일이면 중국 국가수립 기념식이 천안문광장에서 열린다. 천안문(天安門)은 베이징 고궁의 정문이다. 고궁은 명나라 때였던 1420년에 완공됐다. 천안문은 그보다 3년 전인 1417년에 지어졌다. 천안문은 베이징의 중심에서 명나라와 청나라 540여 년 역사를 지켜왔다.

천안문의 원래 이름은 승천문이었다. '이을 승'(承), '하늘 천'(天)을 썼다. 하늘의 뜻을 이어받겠다는 뜻이다. 청나라가 들어서고, 1465년 세조가 이 문을 재건축하면서 이름을 천안문으로 바꿨다. 역시 하늘의 뜻을 받아 나라를 편안하게 하겠다는 의미다.

천안문으로 들어가 고궁을 관통해 나가면 경산이라는 야트막한 동산이 있다. 그 뒤에는 지안문이 있다. 천안문의 대칭으로 지어진 문이다. 베이징 황성의 북쪽 문이라서 고궁 경내에 직접 속하는 문은 아니고, 천안문보다 규모가 훨씬 작다. 하늘과 땅이 모두 편안하라는 뜻으로 지어졌다.

이름의 기운이 너무 셌던 탓일까? 청나라가 기울기 시작하면서 천안문도 온갖 풍파에 시달리게 되었다. 1900년, 서양 8개국 연합군이 중국을 침공하면서 천안문을 향해 대포를 쏴댔다. 1919년, 5·4운동의 물결이 이곳을 뒤흔들었다. 1949년, 사회주의 중국도 이곳에서 선포되었다. 1976년 저우언라이 총리의 장례식을 계기로 일어난 1차 천안문사건, 1989년 후야오방 총서기의 사망을 계기로 발생한 2차 천안문사건이 모두 그 앞 광장에서 벌어졌다.

이 때문에 중국 당국은 천안문광장에 사람이 모이는 상황을 극도로 예민하게 지켜보고 있다. 평소에도 매우 엄격한 감시와 검열이 이뤄진다. 천하를 태평하게 하리라고 지은 그 이름을 지키려고 화려한 열병식까지 보여주고 있지만, 그 이면에는 혹시나 천하가 어지러워질까 걱정하는 모습도 역력하다.

하늘과 땅을 건축으로 옮긴다면, 사합원

하늘은 어떤 모양일까? 어떤 날은 쨍쨍 햇빛을 내리쬐고, 어떤 날은 마치 구멍이 난 것처럼 비를 쏟아붓는 하늘은 어떻게 생겼을까? 중국 사람들은 예부터 '천원지방'(天圓地方)이란 말을 써 왔다. 하늘은 동그랗고 땅은 네모나다는 뜻이다.

네모난 땅을 동그란 하늘이 감싸고 있는 모습을 상상했다. 이른바 하늘은 양이고 땅은 음이라는 음양 사상에서 출발한 생각이다. 어쩌면 우리 눈에 보이는 해와 달의 모양 때문에 하늘이 동그랗다고 여겼는지도 모르겠다. 물론 현대과학으로 보면 말도 안 되는 이야기지만, 고대 중국인의 세계관의 전형을 보여준다는 역사적 가치가 있다.

이런 생각을 가장 잘 보여주는 건축 양식이 바로 석실 무덤이다. 예부터 중국의 석실 무덤의 입구 위쪽은 둥그런 아치 형태로, 아래쪽은 각진 네모 형태로 만들었다. 바로 이게 우주 사이, 그러니까 하늘과 땅 사이에 죽은 이를 모신다는 의미를 나타낸다.

베이징에 가면 천단(天壇)이란 곳이 있다. 바로 황제가 하늘에 제사를 지내던 제단이다. 이 천단이 둥그런 건물로 지어진 까닭, 그리고 천단을 둘러싼 네 벽이 네모나게 지어진 까닭이 바로 이 때문이다. 천단의 층수, 직경, 사방의 난간이 모두 홀수인 것도 하늘이 양을 상징한다는 음양사상의 영향이다.

이와 반대로 베이징의 전통 주택인 사합원은 사각형 모양으로 지었다. 네 벽에 건물이 한 채씩 들어서있는 모양이다. 바로 땅이 네모기 때문에 그 땅에서 사는 사람들의 집 또한 네모나야 한다고 생각한 것이다. 마당 안쪽에는 동그란 연못을 파거나 건물과 건물 사이에 동그란 모양의 문을 만들어놓기도 했다. 이는 바로 음양의 조화, 하늘과 땅의 조화를 나타내기 위한 장식이었다.

천원지방, 하늘은 동그랗고 땅은 네모나다. 바로 오랫동안 이어져 내려온 세상에 대한 중국인의 인식이다.

좋은 신발과 나쁜 신발, 시에

몇 해 전 한 시민이 국회 연설을 마치고 나오던 문재인 대통령에게 신발을 던져 화제가 된 사건이 있었다. 대통령에게 신발을 던졌으니 그 시민은 즉시 체포됐다. 하지만 법원은 증거 인멸이나 도주의 염려가 없다며 구속영장을 기각했다.

그 뒤에는 이걸 이어받아서 정부의 부동산 정책에 항의하는 시위를 펼친 시민들이 신발 던지기 퍼포먼스를 벌이기도 했다. 세계의 유력 인사들은 가끔 신발 항의를 받는 경우가 있다. 중국의 정치 지도자도 예외는 아니다.

대표적으로는 원자바오 전 총리를 들 수 있다. 언론 보도에 따르면, 2009년 원 총리는 영국 방문 중 케임브리지대학에서 강연했다. 그런데 단상으로 신발이 날아들었다. 중국의 인권 문제에 항의하려는 학생이 벌인 일이었다. 학생은 체포됐지만 원 총리는 선처의 뜻을 밝혔다. 원 총리는 이듬해 터키를 방문했을 때도 신발 세례를 받았다. 터키 대통령을 만나러 이동하던 차 안에 있을 때였다. 위구르족 시위대가 달려와서 신발을 던졌다.

신발은 중국어로 '시에'(鞋)라고 한다. 우리말로는 '혜'라고 읽는 한자다. 이 글자의 발음은 '협조'라고 할 때 '협'(協), 잘 어울린다는 뜻의 '화해'라고 할 때 '해'(諧)와 똑같다. 그래서 중국에서는 신발이 꼭 나쁜 상징은 아니다.

특히 신혼 첫날 밤 신랑과 신부가 서로 신발을 주고받는 풍습도 있다. 백발이 될 때까지 함께 늙어가자는 다짐을 나타낸다. '백년해로'라고 할 때 '해'(偕) 자가 역시 신발이라는 글자의 발음과 똑같이 '시에'이기 때문이다.

중국 민화 중에는 신발과 구리거울을 함께 그려놓는 경우도 있다. 이 그림도 '한마음으로 함께 늙어간다'는 뜻이다. '동심해로'를 나타낸 건데, '해로'의 '해' 자에 '한마음'이라는 '동심'의 같을 동(同) 자와 구리 동(銅) 자의 발음이 '퉁'으로 똑같다.

중국 남부에서는 이 글자를 '하이'라고 읽기도 한다. 이 발음은 또 '아이'라는 뜻의 '하이'(孩)라는 글자와 같다. 그래서 아이를 갖기 원하는 사람들의 상징물로 쓰이기도 한다. 시위대에게는 항의의 상징이지만, 상징이란 건 이렇게 맥락에 따라 얼마든지 달라질 수 있다.

북방과 남방의 취향, 모란 대 매화

중국 사람들은 어떤 꽃을 가장 좋아할까? 꽃 중에서도 우리가 더 소중하고 애틋하게 생각하는 꽃이 있다. 바로 국화, 나라꽃이다. 우리나라는 무궁화, 영국과 미국은 장미가 국화다.

그런데 중국에는 나라꽃, 국화가 없다. 사실 중국인이 가장 좋아하는 꽃은 모란(牡丹)이다. 화려한 자태로 부귀와 품격을 상징하기도 한다. 모란은 청나라의 꽃이었다. 모란은 주로 중국 북부에서 자란다. 남부 사람들은 잘 모르는 꽃이다. 남부에서는 매화(梅花)를 더 좋아한다. 매화는 고결함과 지조를 상징한다. 중국인이 좋아하는 꽃은 이렇게 남북으로 나뉘고 말았다.

청나라가 망하고 세워진 나라 중화민국은 당연히 망한 나라의 꽃을 국화로 삼을 수는 없었다. 그래서 1929년 국화를 매화로 결정했다. 그 뒤에 세워진 지금 중국은 난감해졌다. 당연히 모란을 국화로 하면 될 텐데 여론이 남북으로 나뉘어서 분분해졌다. 최고지도자인 마오쩌둥은 남부 후난 지역 출신이라 모란을 잘 몰랐고 매화를 선호했다.

1994년에는 국화를 정하자는 논의가 행정단위인 각 성 별로 시작되었다. 열 달 동안 논의를 했지만, 모란으로 하자는 쪽이 18개 성, 모란, 매화, 국화, 연꽃을 모두 국화로 하자는 쪽이 11개 성, 네 가지 꽃 중에 연꽃 대신 난꽃을 넣자는 쪽이 2개 성으로 결론났다.

모란이 국화가 되나보다 했는데, 역시 남부 사람들의 거센 반대에 부딪혔다. 중국은 지금껏 국화를 정하지 못하고 있다. 그러다 보니 꽃을 활용한 국가 상징이나 이미지를 만들지도 못한다. 세계원예박람회를 열었는데 국화가 없어서 당황스러운 상황이 연출되기도 했다. 나라가 너무 넓어서 벌어진 일이기도 하다.

곰이라고 썼지만 고양이라고 읽었다, 자이언트판다

판다를 중국어로는 '다슝마오'(大雄猫)라고 한다. '큰 판다'라는 뜻이다. 작은 판다인 샤오슝마오, 일명 레서판다도 있다. 샤오슝마오는 여우처럼 호리호리한 갈색이고 긴 꼬리를 가진 동물이다.

슝마오라는 말은 '곰고양이'라는 뜻이다. 얼핏 봐서는 곰인지 고양인지 모르겠다는 뜻에서 붙여진 이름이다. 1939년 충칭의 동물원에서 표본을 전시하면서 마오슝, 그러니까 '고양이곰'이라고 썼다. 현대식으로 왼쪽에서 오른쪽으로 가는 글쓰기를 한 것이다. 하지만 당시만 해도 중국 사람들은 오른쪽에서 왼쪽으로 가는 글쓰기에 익숙했기 때문에 모두들 이걸 '슝마오'로 읽었다. 오늘날 중국어로 판다를 슝마오라 부르는 까닭이다.

판다는 2천 년 전 기록에서도 발견되는데, 그때부터 대나무를 먹었다고 한다. 1860년대, 프랑스 선교사가 중국 쓰촨 지역을 조사하다가 판다를 발견했다. 그는 사냥꾼들을 동원해서 판다 사냥에 나섰다. 어떤 판다는 생포된 뒤 스트레스를 받아 죽고 말았다. 어떤 판다는 프랑스로 사로잡아놓고는 프랑스로 데려가기 불편하다며 죽여버렸다. 그러고는 판다 가죽을 벗겨서 파리 박물관에 전시했다. 이때 판다가 세상에 널리 알려지게 되었다.

2020년 6월, 대만 타이베이 동물원에서 위안위안이라는 판다가 새끼를 낳았다. 인공수정으로 낳은 둘째였다. 다섯 시간의 진통 끝에 나온 새끼는 고작 186그램이었다. 엄마의 몸집에 비하면 천분의 일 정도밖에 되지 않았다.

판다는 일 년에 길어야 사흘 정도밖에 배란이 되지 않아서 새끼를 갖기가 어렵다. 위안위안은 2008년에 중국이 대만에 선물로 보낸 판다였다. 당시 투안투안이라는 수컷과 함께 한 쌍을 보냈다. 중국과 대만이 잘 지내보자는 뜻이었다. 두 판다의 이름을 합하면 투안위안(團圓), 중국어로는 "함께 모인다"라는 의미가 된다. 대만과 통일하고 싶다는 생각이 들어있는 이름이었다.

이렇게 중국은 판다를 통해 문화외교를 펼치곤 한다. 우리나라에도 지난 2016년 아이바오와 러바오를 선물하기도 했다. 까맣고 하얀 색깔에 뒤뚱거리는 모습이 귀여워서 누구라도 좋아하는 동물이지만, 특히 중국에서는 나라의 마스코트로 여겨진다.

중국이 사랑하는 나무, 은행

3월 12일은 중국의 식목일이다. 중국에서는 '나무 수'(樹) 자를 써서 '식수절'이라고 부른다. 우리 식목일이 4월 5일인 것과 비교해보면 좀 빠른 셈이다. 하늘이 맑아진다는 절기 청명이 주로 이날과 겹치는 경우가 많다.

예부터 중국에서는 청명에 나무를 심는 전통이 있었다. 그래서 중국에서도 1915년 처음 식목일을 정할 때는 청명날을 택했다. 우리 식목일이 이날로 정해진 것도 그런 전통과 관련이 있는 듯하다.

그런데 1928년, 당시 국민당 정부가 날짜를 3월 12일로 바꿨다. 이날이 바로 청나라 왕조를 뒤엎고 중화민국을 세운 쑨중산(孫中山, 쑨원) 선생이 돌아가신 날이었기 때문이다. 나중에 1979년 사회주의 중국이 이날을 공식적으로 식수절로 경정하면서 오늘까지 이르고 있다.

쑨중산이 세상을 떠난 날 왜 나무를 심은 걸까? 중국인은 집안이든 무덤 주변에든 나무를 심는 문화가 있다. 특히 무덤에는 상록수를 많이 심는다. 소나무나 전나무 같은 사시사철 푸른 나무들이다. 이건 세상을 떠난 사람이 영생하라는 뜻을 담고 있다. 따라서 오히려 집안에는 사철나무를 심지 않는다. 사철나무는 죽은 자를 위한 것이기 때문에 산 자들의 공간에는 적절하지 않다고 생각했다. 대신 산 자들의 공간에는 복과 풍요를 기원하는 열매가 많은 나무를 심는다. 대추나무나 은행나무 같은 것들이 대표적이다.

특히 은행에 대한 중국인의 애착은 남다르다. 은행은 법률로 지정되지만 않았을 뿐, 많은 중국인이 중국을 상징하는 국목, 그러니까 나라의 나무라고 생각한다. 은행은 공룡 시대부터 함께 살아왔다는 워낙 오래된 나무라 중국 민족의 오랜 역사와 장수를 상징한다고 생각한다. 곧고 굵은 줄기는 강직한 품성을 나타낸다. 노랗게 물든 은행잎은 중국인이 가장 좋아하는 황금색을 뜻하기도 하고, 열매까지 많이 열리는데 이는 부귀영화를 상징하기 때문이다.

너도나도 찾는 저 어머니, 타마더

중국에는 나라를 대표하는 꽃은 없지만, 나랏욕 그러니까 나라를 대표하는 욕은 있다. 아예 중국어에 '나랏욕'이라는 단어가 있다. '궈마'라고 읽는다. 우리 한자 발음으로는 나라 국, 욕할 매를 써서 '국매'(國罵)다.

이 단어는 중국근대문학의 아버지라고 불리는 루쉰이 만들었다. 루쉰은 '국화'라는 말에 빗대서 '국매'라는 말이 있을 법하다며, 1925년 「'타마더'를 논함」이라는 수필을 썼다. '타'(他)는 다른 사람, '마'(媽)는 엄마, '더'(的)는 중국어의 조사다. 굳이 부드럽게 옮기자면 "제기랄" 정도 될 것 같다.

루쉰은 중국인이라면 누구라도, 언제 어디서라도 들을 수 있다고 했다. 심지어는 "안녕하세요"라는 뜻의 "닌하오"(您好)라는 말보다도 더 많이 쓰일지도 모르겠다고도 말한다. 이 욕은 점점 발전해서 엄마를 뜻하는 '마' 자리에 다른 사람을 대신 넣기도 한다. 루쉰은 이어서 다른 나라의 경우는 어떤지, 또 이런 말이 중국에서 얼마나 역사가 오래됐는지 담담하게 써나간다.

이 욕이 언제부터 시작됐는지는 정확하지 않다. 하지만 그 유래는 모르긴 몰라도 1800년 전인 위진남북조 시대부터 시작됐으리라고 추측한다. 루쉰 당시만 해도 이 말이 너무나 흔해져서 누구나 입에 달고 다니는 말이 돼 버렸다. 그러다 보니 아버지와 아들이 서로 음식을 먹어보라며 권하는 상황에서도 이 말을 썼다는 것이다. 이런 상황을 두고, 루쉰은 욕이 순화돼서 때때로는 흐뭇한 광경을 보여주기도 한다고 말한다.

욕을 해라, 하지 말라, 뭐 이런 식의 태도보다는 자연스러운 사례를 들어서 나랏욕을 달고 사는 중국인들을 에둘러 꾸짖으려고 했던 뜻이 잘 드러난다.

중국인의 기질, 두꺼운 얼굴과 검은 마음

중국인은 어떤 사람들일까? 한 나라 사람들이 모두 똑같이 어떤 기질을 가지고 있다, 이렇게 말하기는 어렵다. 우리도 마찬가지다. 하지만 한국인 하면 "빨리빨리" 이런 말이 떠오르는 것처럼 중국인도 비슷한 기질을 가지고 있지 않을까?

이재에 밝다거나, 겉과 속이 다르다거나 하는 말들은 예부터 중국인을 평가하는 표현이었다. 중국인의 기질을 두고 하는 표현 중에 '후흑'이라는 말이 있다. '후흑'은 '면후흑심'(面厚黑心)의 줄임말이다. 두꺼울 후, 검을 흑 자를 쓴다. 면후흑심이란 얼굴은 두껍고 마음은 검다는 뜻이다.

이 말은 청나라 말에 태어나서 중국을 개혁해야 한다고 주장하던 지식인 리쭝우라는 사람이 만들어냈다. 리쭝우는 쓰촨 일대를 중심으로 활동했다. 현지 매체인 『공론일보』에 후흑학에 관한 이론을 발표하면서 큰 반향을 불러일으켰다.

자신의 글이 사람들의 호응을 얻자, 스스로 '후흑교주'를 자처하면서 '후흑국'을 만들기도 했다. 리쭝우는 중국의 역사를 아예 후흑이론으로 재해석하기도 했다. 그에 따르면 첫 번째 시기에는 후흑이 없어서 공자의 인의지도가 활약했다. 둘째 시기에는 사회가 발전하고 후흑이 본격 등장했다. 셋째 시기에는 후흑이 널리 퍼지게 됐다고 한다.

후흑학은 집단의 역사뿐만 아니라 개인의 처세도 가르치고 있다. 개인이 갖출 수 있는 후흑의 정도 역시 세 등급으로 나뉜다. 첫 번째 등급은 성벽과 같은 철면피에 석탄처럼 검은 흑심이다. 두 번째는 얼굴이 두꺼우면서도 강하게, 마음은 검으면서도 빛나는 단계이다. 세 번째는 얼굴은 두껍지만 형체가 없고, 마음은 검지만 색깔이 없는 최고의 단계, 그러니까 '불후불흑'의 단계를 말한다.

이 정도 단계에 이르려면 정말 위대한 성인이어야 한다. 후흑은 겉으로는 인의와 도덕으로 포장해야 하고, 말을 할 때는 애매모호하게 끝내야 한다고 한다. 이렇게 들으면 후흑이 꼭 나쁜 태도 같지만, 후흑 자체는 좋다 나쁘다 말할 수 없는 중립적인 태도이다. 그걸 어떤 방향으로 쓰느냐에 따라 좋고 나쁜 결과가 정해진다.

유비나 조조 같은 역사의 인물들도 모두 후흑의 대가들이었다. 중국인을 가장 잘 표현하는 말 중의 하나가 바로 이 후흑이다.

중국의 제헌절, 헌법일

제헌절은 헌법을 제정한 날이다. 중국에도 당연히 헌법이 있다. 12월 4일은 중국이 기념하는 '국가 헌법의 날'이다. 우리 나라의 7월 17일 제헌절과 같다고 할 순 없지만, 헌법을 기념하는 날이니 비슷하다고 할 수 있다. 우리 제헌절은 1948년 헌법 제정일을 기념하기 위해 1949년에 지정이 됐는데, 중국 헌법의 날은 2014년에야 제정되었다.

2014년 11월 1일, 제12차 전국인민대표대회의 상무위원회 회의에서 12월 4일을 헌법의 날로 정하자고 결정했다. 왜 이날을 '헌법의 날'로 정한 걸까? 사실 12월 4일은 중국의 '전국법제선전의 날', 그러니까 전국적으로 법령 제정을 알리고 홍보하는 날이었다. 바로 이 법제선전의 날을 확대해서 헌법의 날로 바꾼 것이다.

하지만 법제선전의 날도 2001년에야 만들어졌다. 그렇다면 왜 그때도 12월 4일을 고른 걸까? 바로 현행 헌법의 공포일과 시행일이 바로 12월 4일이기 때문이다. 현행 헌법은 1982년 문화대혁명이 끝나고 전면 개정돼서 시행되고 있다.

헌법이라고 할 때 '헌'(憲) 자는 무슨 뜻일까? 이 글자도 '법'이라는 뜻이다. 이 글자는 맨 위에 집의 지붕이 있고 그 밑에 옛날 마차를 나타내는 모양인 '예쁠 봉'(丰), '눈 목'(目), '마음 심'(心) 자가 밑으로 나란히 놓여 만들어졌다.

이 글자는 백성들이 눈과 마음으로 마차를 타는 사람들을 보고 있노라는 뜻을 담게 됐다. 그 뒤 시간이 지나면서 '가르침', '법'이라는 뜻을 갖게 되었다. 그러다가 일본 사람들이 'constitution'이라는 영어를 '헌법'이라고 번역하면서 우리와 중국 모두 이를 받아들이게 되었다.

이것만 봐도 다르다, 헌법 1조

대한민국 헌법은 1948년 7월 17일 제정됐다. 1949년 사회주의 중국이 수립됐지만, 헌법은 1954년 9월에 이르러서야 제정됐다. 그런데 어떻게 1949년에 나라를 세워놓고 5년 동안이나 헌법이 없었을까? 헌법은 없었지만, 중국인민정치협상회의에서 만든 '공동강령'이라는 문서가 있었다. 이 강령이 헌법의 역할을 했다.

중국 헌법은 1975년, 1978년, 1982년 세 번에 걸쳐 전면 개정됐다. 현행 헌법은 1982년에 만들어졌다. 이 헌법도 1988년, 1993년, 1999년, 2004년, 2018년 다섯 차례 수정됐다. 하지만 이런 수정은 헌법 전체를 바꾼 게 아니라 부분적으로만 고친 것이라서 중국에서는 현행 헌법이 1982년에 만들어졌다고 말한다. 그래서 '82헌법'이라고 부른다.

중국의 현행 중국의 헌법은 서문과 4장 143개 조로 구성돼 있다. 서문의 첫 문장은 "중국은 세계에서 역사가 가장 유구한 국가 중 하나다"라는 말로 시작한다. 그리고는 1840년 아편전쟁 이후 중국의 역사가 어떻게 흘러왔는지를 길게 설명한다.

우리나라 헌법 제1조는 "대한민국은 민주공화국이다.", "대한민국의 주권은 국민에게 있고, 모든 권력은 국민으로부터 나온다"라고 규정하고 있다. 국가 체제와 국민 주권을 명확히 하고있는 조항으로 가장 상징적이면서도 실제적인 의미를 담고 있다.

중국 헌법의 1조는 이렇게 돼 있다. "중화인민공화국은 노동자 계급이 이끌고, 노동자와 농민 연맹을 기초로 하는 인민민주 독재의 사회주의 국가이다. 사회주의 제도는 중화인민공화국의 근본 제도다. 중국 공산당의 지도는 중국 특색 사회주의의 가장 본질적인 특징이다. 어떠한 조직 또는 개인도 사회주의 제도의 파괴를 금지한다."

좀 길지만, 노동자 계급이 이끄는 사회주의 국가라는 점을 명시하고 있다. 우리말의 국민에 해당하는 '인민'이라는 말에 담긴 가장 중요한 계급이 노동자인 셈이다. 헌법 1조만 봐도 중국은 우리와는 다른 나라라는 점이 분명하다.

3

우리가 몰랐던
중국 옛이야기

태초에 이것이 있었으니, 반고

개천절은 단군왕검이 하늘을 열고 고조선을 세운 일을 기념하는 날이다. 기원전 2333년의 일로 전한다. 단군 이야기는 우리 시조의 개국 신화다. 우리에게는 세상을 창조한 이야기보다 나라를 연 이야기가 더 중요하게 전해 내려왔다.

중국에는 창세신화의 주인공이 있다. 중국 사람들은 반고라는 신이 하늘과 땅을 창조했다고 믿어 왔다. 세상에 아무것도 없던 아득한 옛날, 어마어마하게 큰 알 하나가 생겨났다. 거기서 알을 깨고 나온 사람이 바로 반고다.

반고는 하루에 한 장씩 자라났다. 한 장은 한 척의 열 배다. 오늘날 계산법으로는 대략 3.3m 정도 된다. 물론 옛날 사람 셈법이니까 정확한 것은 아니다. 아무튼 반고는 하루가 다르게 쑥쑥 몸집이 자라났다. 팔을 힘껏 벌려 위로 향하고, 다리에 힘을 주어 아래를 눌렀다. 이렇게 되자 위와 아래로 세상이 늘어나면서 공간이 생겨났다. 위로는 하늘이, 아래로는 땅이 만들어졌다. 반고는 이렇게 하늘과 땅을 떠받치면서 만 팔천 년을 살았다고 한다.

만 팔천 살이라면 상상이 잘 안 되는 나이다. 반고 신화에 따라 하늘과 땅의 거리를 구하는 것도 가능하다. 재미삼아 어디

한번 계산해보자. 3.3(미터/년) 곱하기 365(년) 곱하기 1만 8000. 결과는 2만 1681km다.

이렇게 오랫동안 하늘과 땅을 만들고 살던 반고는 힘이 빠져서 죽게 되었다. 반고는 죽고 나서 자기 몸을 모두 세상을 만드는 데 바쳤다. 두 눈은 해와 달이 됐고, 뼈와 살은 산맥과 산과 언덕이 됐고, 피는 강과 바다가 됐다. 머리털은 풀과 나무가 되었다. 중국의 삼국시대에 처음으로 문헌에 등장한 이 신화는 오늘날까지 이어지는 중국인의 상상력을 잘 보여준다.

중국인들의 선조, 염황

반고는 신화에서 천지를 창조한 인물이지만, 중국이라는 나라를 연 인물은 따로 있다. 바로 염제와 황제다. 중국에서는 이들을 합해 '염황'이라고 부른다. 중국인들은 스스로 '염황의 자손'이라고 말한다. 세상을 열어준 시조를 잊지 말자는 말도 곧잘 한다. 염제와 황제는 삼황오제를 대표하는 신이다.

염제(炎帝)는 신농(神農)이라고도 불린다. 말 그대로 농사짓는 일을 사람들에게 가르쳐준 신이다. 염제 시절 사람들은 농사를 배워 얻게 된 열매를 똑같이 나눠 먹으며 사이좋게 지냈다.

염제는 사람의 몸을 가졌지만, 머리는 소의 모습을 하고 있었다고 전해온다. 소의 머리라는 상상력은 역시 농사와 관련된다. 농사를 짓는 데 꼭 필요한 동물인 소의 모습을 신화에 투영한 것이다. 염제에게는 딸이 하나 있었다. 그 딸은 뽕나무에서 하늘로 올라갔다. 이 때문에 뽕나무에서 자란 누에들이 실을 토해내는 사실을 알게 됐다고도 한다.

사마천이 지은 『사기』에 보면 『오제본기』라는 부분이 있는데, 여기에서는 중국 역사가 황제(黃帝)부터 시작됐다고 이야기하고 있다. 황제는 매우 훌륭한 임금이었다. 인간이 살아가는 데 필요한 많은 일을 가르쳐줬다. 곡식을 기르거나 글자를 쓰는 일, 병을 치료하는 의술, 길이와 너비를 재는 도량형은 물론, 음악도 창조했다. 그래서 중국인들은 황제를 가리켜 '인문의 시조'라고 부른다. 황제는 하늘에 살았지만, 곤륜산이라는 곳에 자주 내려와서 쉬다 가곤 했다.

황제는 얼굴이 네 개나 됐다. 그래서 동서남북에서 일어나는 모든 일을 다 살펴볼 수가 있었고, 싸움이 일어나거나 하면 전후 사건을 꼼꼼히 알아보고는 재판관 역할을 했다. 황제는 마치 그리스 신화의 제우스처럼 신들의 세계를 다스리는 최고의 임금이었다. 중국의 신들은 누구라도 황제의 명령을 따라야 했다. 신들의 세계뿐만 아니라 후토라는 신하에게 귀신들을 다스리게 하고 또 인간 세계도 잘 돌보아줬다. 그래서 오늘날까지 중국인들은 염황의 자손이라는 사실을 자랑스럽게 생각한다.

달나라로 간 여신, 항아

추석이라는 말은 그대로 풀면 '가을 저녁'이라는 뜻이다. 추석의 상징인 둥그런 보름달이 저녁에 뜨기 때문에 이런 이름이 생겨난 것 아닐까 싶다. 중국 사람들은 추석이라는 말은 모르고 '중추절'이라고만 말한다. 하지만 보름달을 감상하는 풍습은 우리와 비슷하다. 중국은 가을 보름달이 일 년 중 가장 아름답다고 생각한다. 왜냐하면 달나라에 항아(姮娥)라는 여신이 살고 있기 때문이다. 항아는 어쩌다가 달나라로 가게 됐을까?

신화와 전설의 여러 가지 이야기가 전해 내려오고 있는데, 그중 대표적인 이야기는 이렇다. 항아는 원래 예(羿)라는 신의 아내였다. 예는 하늘에 갑자기 태양이 열 개나 떠오르자 활을 쏘아서 아홉 개를 떨어뜨리고, 하나만 남겨두었다는 최고의 궁수였다.

하지만 이 태양들은 하늘을 다스리는 천제의 아들들이었다. 아들을 잃어버린 천제는 화가 나서 예를 땅의 세계로 쫓아냈다. 예는 아내인 항아와 함께 지상으로 떨어져 살게 되었다. 그런데 어느 날 곤륜산에 사는 서왕모가 불사의 약을 예에게 전해줬다. 불사의 약을 사이좋게 나누어 먹는다면 불로장생할 수 있지만, 혼자 모두 마시면 다시 신이 되어 천상으로 올라갈 수 있었다.

예와 항아는 고민에 빠졌다. 약을 나눠 먹고 인간 세계에서 오래도록 살아갈지, 아니면 둘 중 하나라도 하늘로 올라갈지 말이다. 그러던 중 아내 항아가 혼자서 몰래 약을 먹어버렸다. 항아는 그렇게 혼자 하늘로 올라갔는데, 그걸 알게 된 천제는 또 못마땅했다. 어떻게 남편은 놔두고 혼자만 하늘로 올 수 있냐는 것이었다. 그래서 항아를 달 속에 가두어 버렸다. 그렇게 항아는 달의 여신이 되었다.

우리는 달나라에 옥토끼가 살고 있다고 생각하는데, 중국 사람들은 달에 갇힌 항아가 너무 슬퍼한 나머지 두꺼비로 변해버렸다고 생각한다. 그래서 달에는 두꺼비가 살고 있다. 이게 또 토끼의 모습과 겹쳐서 '두꺼비 섬'(蟾)자와 '토끼 토'(兎) 자를 써서 '섬토'라고 부르기도 한다.

만남의 음식, 월병

우리나라 추석에는 송편을 빼놓을 수 없다. 우리나라에 송편이 있다면 중국에는 월병이 있다. '달 월'(月), '떡 병'(餅). 말 그대로 달떡이라는 뜻이다. 떡이라고는 하지만 우리 떡처럼 찰기가 많지는 않다. 우리가 보기에는 오히려 과자나 작은 케이크라고 해도 무방할 것 같다. 영어로는 'moon cake'라고 부른다.

역사적으로 월병은 당나라 때 시작해서 송나라 때는 황제가 사는 궁궐에서 유행했다고 한다. 월병은 달의 모양을 따라서 동그란 게 특징이다. 아이 주먹만 한 크기에 두툼한 원형으로 만들어져있다. 완전한 동그라미라기보다는 가장자리를 꽃 모양처럼 올록볼록 무늬를 내기도 한다. 밀가루 반죽을 하고 그 안에 여러 가지 소를 넣어 만드는데 지역마다 넣는 소도 다양하다. 대추, 견과류, 말린 과일 같은 소가 들어가는 게 보통이다.

월병에 얽힌 전설은 다음과 같다. 항아가 태양을 쏘아 떨어뜨린 남편 예와 헤어져서 달나라를 지키며 혼자 살게 되었는데, 둘은 서로를 무척 그리워했다. 예의 마음을 알아차린 한 신선이 8월 대보름 밤에 밀가루를 동그랗게 빚어 달 모양으로 만든 다음, 집의 서북쪽에 두고 항아의 이름을 세 시간 동안 부르면 아내가 돌아올 것이라고 일러주었다. 예는 신선의 말을 그대로 따랐고, 정말로 부부가 다시 만나게 됐다고 한다. 그래서 월병은 반드시 가족이 함께 먹어야 하고, 또 나누어 먹어야 한다. 중국인들이 중요하게 생각하는 '대단원'(大團圓), 가족 친지가 모두 한데 모이는 일을 상징하는 음식이다.

월병은 사실 그렇게 비싼 음식은 아니지만, 얼마 전에는 800만 원을 호가하는 황금 월병이 등장해서 세간의 이목을 끌기도 했다. 황금 월병의 수요가 누군가에게 있었으니 공급도 있지 않았을까 생각도 해보지만, 추석을 기리는 전통이 상술에 놀아난 것만 같아 입이 쓰기도 하다.

훌륭한 임금의 조건, 치수

중국은 여름철만 되면 홍수로 몸살을 앓는다. 특히 창장 유역을 따라 대홍수가 터지면 피해의 규모가 상상을 초월한다. 이 재민이 수천만 명에, 붕괴되는 건물은 수십만 채, 재산 피해는 수조 원에 달한다. 대학입학고사장이 물에 잠기면서 시험이 연기되기도 한다. 무엇보다 사람들이 숱하게 생명을 잃거나 실종되는 것이 가슴 아프다.

후베이성에 있는 싼샤댐이 홍수 때문에 곧 무너질 거라는 소문도 나돈다. 땅이 넓고 강물도 세찬데다, 많은 도시에 배수 시설이 잘 안 돼있는 중국에서 홍수가 일어나는 건 어제오늘 일이 아니다.

고대부터 중국에서는 홍수를 잘 다스리는, 그러니까 치수를 잘하는 임금이 존경받았다. 대표적으로 하나라 우임금이 있다. 우임금은 요임금과 순임금의 뒤를 잇는 성군으로 추앙받아 왔다. 여러 가지 신화적인 공적이 많지만, 그중에서도 역시 황하의 치수를 잘 해냈다는 평가가 으뜸이다. '우'(禹)라는 한자를 보면 도마뱀이나 악어를 본뜬 그림글자라고 한다. 황하에 살던 수중 동물에 대한 경외가 반영된 이름이라고 보기도 한다.

우의 아버지는 '곤'이라는 사람이었다. 곤은 치수에 실패하면서 목숨을 끊었다. 그런데 그의 시신은 삼 년 동안이나 썩지 않았다. 요임금이 그 배를 갈라보라 하니, 거기서 도마뱀이 한 마리 나왔는데, 그게 바로 우였다.

우임금이 태어난 걸 안 하늘의 상제는 깜짝 놀랐다. 상제에게는 홍수를 다스릴 비장의 무기가 있었다. 바로 식양(息壤)이었다. 식양은 '숨 쉬는 흙'이라는 뜻이다. 흙이 숨을 쉬니까 점점 자라나 커지면서 물을 빨아들이는 원리다. 우임금의 아버지 곤은 바로 이 식양을 훔치다가 걸려서 치수에 실패하고 말았다. 우임금은 상제에게서 당당하게 식양을 달라고 요구한다. 그렇게 받아온 식양을 가지고 치수에 성공했다는 이야기다.

원래는 따로따로, 성씨

우리는 성씨라는 말을 한 단어로 생각한다. 하지만 원래부터 성과 씨가 같은 건 아니었다. 고대 중국인들은 이 둘을 나누어 생각했다. 성은 먼 옛날 모계사회 때 만들어진 말이다. 그 한자(姓)에도 그래서 '여자 여'(女) 자가 들어있다. '성'이라는 말을 한자 모양대로 풀면 여자가 낳은 사람이라는 뜻이다. 성은 혈연으로 맺어진 종족을 부르는 말이었다.

씨라는 말은 성에서 갈라져 나온 표현이다. 부계사회가 시작된 이후에 사람이 많아지고 새로운 마을도 점점 늘어나다 보니 자신들을 공동으로 가리키는 어떤 말이 필요했다. 그때 생겨난 게 씨다. 그래서 씨라는 글자는 원래 나무의 가지라는 뜻을 가지고 있었다. 씨는 마을의 이름을 가리키던 말이었기 때문에 봉건제도가 실시되던 주나라 때는 천자가 분봉해준 땅의 이름이 그대로 씨가 되기도 했다. 성과 씨가 완전히 합해지게 된 건 진시황이 세운 진나라 이후의 일이었다.

주나라를 일으킨 천자는 성이 희(姬)였다. 역시 이 글자에도 '여자 여' 자가 들어있다. 이 성은 삼황오제 중 하나인 황제에게서 비롯되었다. 황제가 희수라는 강가에서 오래 살았고, 그 자손의 희라는 성을 물려받았다는 이야기다. 황제는 중국 민족의 시조라고 여겨지는 인물이니, 희야말로 중국 민족의 첫 번째 성이라고 해도 과언이 아니다. 하지만 오늘날에는 중국의 수많은 성 중에 297번째 자리를 차지하고 있고, 그 인구도 54만 명밖에 되지 않는다.

그렇지만, 희성에서 갈라져 나온 씨가 매우 많다. 송나라 때 지어진 『백가성』이라는 책에 보면, 주(周), 오(吳), 정(鄭), 왕(王), 노(魯), 조(曹), 위(魏)를 비롯해서 무려 411개가 넘는 성이 희성에서 나왔다. 이들이 중국의 성씨 중에 약 82%를 차지한다고 한다.

일가친척 모두 죽이기, 구족

옛날 왕조 시대에는 역모를 꾀하는 것이 정말 큰 죄였다. 조선시대에도 역모가 적발되면 '삼족'을 멸하는 형벌을 당했다. 이때 삼족은 아들과 손자, 혹은 아버지의 친족, 어머니의 친족, 아내의 친족까지를 포함하는 말이다.

이건 명나라 때의 법률인 『대명률』에서 비롯되었다. 그런데 삼족은 그나마 좀 완화된 형벌이고, 그 이전에는 스케일이 남달랐다. 역모가 발각되면 '구족'을 멸하는 형벌을 내렸다. '구족'이라는 말은 주나라 때 지어진 책인 유가의 경전 『시경』과 『서경』
에 이미 나타나있다.

후대 학자들은 구족의 범위가 어디까지인가를 놓고 설왕설
래했다. 크게는 두 가지 설이 있다. 하나는 자신의 직계 조상과
손자들을 뜻한다는 주장이다. 위로는 4대 할아버지, 아래로는 4
대 손자까지를 말한다. 이러면 모두 9대가 포함된다. 그러니까
고조부, 증조부, 조부, 아버지, 자기 자신, 아들, 손자, 증손자, 현
손자를 두고 구족이라고 하는 것이다. 현손이라는 말은 '검을
현'(玄) 자를 써서 4대 아래 손자를 가리키는 표현이다.

그런데 조부 정도라면 모를까, 고조부는 살아있을 리가 없
지 않을까? 세상에도 없는 사람을 어떻게 멸한다는 걸까? 바로
부관참시다. 이미 죽은 사람을 다시 관에서 꺼내 시신에게 벌을
내리는 것이다. 한편 아래로 4대가 함께 살기도 어렵다. 증손자
까지야 운이 좋아 한 가족이 될 수 있다고 해도, 현손자를 보는
사람은 거의 없기 때문이다. 그러니까 이 경우 구족은 글자 그
대로 받아들일 수 없고, 뭔가 상징적인 표현이라고 보는 게 옳
을 것이다.

일가친척으로도 부족하다, 십족

구족이 누구인가에 대한 두 번째 설은 이렇다. 친족의 범위를 크게 잡아서 아버지의 친족은 4대까지, 어머니의 친족은 3대까지, 아내의 친족은 2대까지를 말한다는 것이다. 이렇게 되면 모두 합해 구족이 된다.

아버지의 4대 친족은 자신의 가족, 출가한 고모들과 그 아들, 출가한 누이나 여동생과 그 조카들, 출가한 딸과 외손자를 말한다. 어머니의 친족 3대는 외할아버지와 외할머니의 집안, 이모와 그 아들들이다. 아내의 친족 2대는 장인과 장모의 집안을 말한다. 그러니 친가와 외가의 모든 혈연관계를 없애버리겠다는 무서운 벌이다.

그런데 정말 이런 벌을 받은 사람이 실제로 있을까? 구족을 넘어서서 십족이 모두 죽임을 당한 사건이 있었다. 명나라 때 일이었다.

명나라를 세운 주원장이 일흔 살까지 황위에 있다가 세상을 떠나면서 어린 손자를 황제에 앉혔다. 그 꼴을 보기 싫었던 주원장의 넷째아들 주체는 군사를 이끌고 수도로 쳐들어가서 조카를 쫓아내고 자신이 황제 자리에 앉았다. 이 사람이 명의 세 번째 황제 영락제다.

황위에 오른 영락제는 전 황제의 신하였던 방효유(方孝孺)에게 황제가 새로 내릴 명령을 적은 문서, 곧 조서의 초안을 써 오라고 했다. 그러나 방효유는 황권을 찬탈한 자를 모실 수 없다며 거부했다. 방효유는 목숨을 잃었다. 뿐만 아니라 그 구족이 몰살당했다. 아직 십족이 되기엔 하나가 더 남았다. 그의 문하에 있던 제자들까지 영락제에게 죽임을 당했다.

그 수를 헤아려보니 873명이나 됐다고 한다. 단일 사건으로는 엄청난 형벌이었다. 구족을 멸하는 방식은 한동안 '연좌제'로 이어져 왔다. 가족 중 누군가 잘못을 저지르면 나머지 가족들도 자유롭지 못한 채, 형벌 아닌 형벌을 받아야 했던 시절이 있었다.

오늘날과 같은 민주 국가에는 더 이상 구족이나 삼족, 아니 누군가의 잘못을 가족과 연루시키는 연좌제는 존재할 수 없다.

등골 오싹해지는 형벌들, 오형

중국의 형벌 이야기는 무더운 여름에도 등골을 오싹하게 만든다. 중국에는 예부터 내려오는 대표적인 다섯 가지 형벌, 그러니까 '오형'이라는 게 있다. 주나라 때에 벌써 제도적으로 시행됐다고 한다.

첫째, 묵형(墨刑)이다. 요즘 말로 하면 이마에다가 '죄인'이라고 크게 문신을 하는 형벌이다. 옛날 중국 사람들은 모두 머리를 뒤로 넘겨 이마를 드러내놓고 다녔기 때문에 묵형은 대중 앞에 매우 모욕적인 형벌이었다. 그래서 이 형벌을 당한 사람들이 종종 앞머리를 내리고 다니기도 했다. 하지만 그 자체가 이미 이마에 문제가 있다는 걸 뜻했기 때문에 이러나저러나 스스로 죄인임을 드러낼 수밖에 없었다.

둘째, 의형(劓刑) 또는 예형은 코나 귀를 베어버리는 형벌이다. 역시 얼굴에 드러난 중요한 신체기관을 훼손하는 형벌이었기 때문에 매우 참혹한 일이 아닐 수 없었다.

셋째, 월형(刖刑) 또는 비형은 발꿈치를 잘라버리는 형벌이었다.

넷째, 궁형(宮刑)은 생식기를 잘라내는 형벌이었다. 궁이라는 글자가 '자궁'이라는 말에서처럼 생식기를 의미하기도 한다. 궁형은 남성성의 실제와 상징을 모두 박탈하는 형벌이었기 때문에, 이 형벌에 처한다는 건 사실상 자결을 선택하라는 뜻과 다르지 않았다.

이런 형벌은 대개 남성에게만 시행했다. 옛날에는 여성이 남성의 부속품이라는 생각을 가졌기 때문에 여자가 죄를 지어도 남자가 대신 벌을 받았던 것이다. 그러나 간혹 여성이 직접

벌을 받게 되는 경우도 있었다. 이런 경우 여성에게 궁형을 시행하기도 했다. 여성의 경우 '깊을 유'(幽), '막을 폐'(閉) 자를 써서 '유폐'라고 불렀다.

마지막 다섯째 형벌은 대벽이라고 불렀다. '큰 대'(大), '벌할 벽'(辟) 자를 써서 가장 큰 벌이라는 뜻이었다. 즉 사형이었다. 사형은 극약을 내리거나, 생매장하거나, 흰 비단을 세 척을 내려 스스로 목숨을 끊게 했다. 고대 중국의 형벌은 이렇게 주로 신체 부위를 훼손하는 방법을 택했다.

가차없이 자른다, 궁형

중국의 옛날 형벌 가운데 가장 말도 많고 탈도 많은 게 역시 궁형이다. 궁형은 남성의 생식기를 잘라버리는 참혹한 형벌이었다. 위대한 역사책 『사기』를 지은 사마천이 받았던 형벌이다.

남성성을 완전히 제거해버리는 무시무시한 형벌이었기 때문에 생식기를 자르고 나면 며칠 안에 악취가 나면서 주변 근육이 썩기 시작하기 때문에 '썩을 부'(腐) 자를 써서 '부형'이라고도 불렀다.

중국에만 있던 형벌은 아니라고는 하지만, 가장 확실하게 시행됐던 곳은 역시 중국이다. 사마천 같은 인물이 궁형을 받기도 했지만, 이 형벌의 희생자가 가장 많은 직군은 역시 환관이었다. 궁형을 받고 나면 환관이 되는 경우가 많았다.

진나라 때에는 이른바 '연좌 궁형'이라는 제도도 있었다. 연좌 궁형이란 말 그대로 궁형에 연좌제를 적용한다는 뜻이다.

진나라에는 간신 조고가 있었다. 조고는 전국시대 조나라 왕실 사람이었다. 그는 조나라에서 궁형을 당한 뒤 진나라로 도망쳐 환관이 됐다. 그 뒤 진시황의 아들인 호해의 가정교사 노릇을 하다가 나중에는 재상에까지 올랐다.

그런데 조고는 억울하게 궁형을 당했다. 왜냐면 잘못은 조고가 아니라 그의 아버지가 저질렀기 때문이다. 조고의 아버지가 궁형을 당하자 어머니가 개가를 해서 아들을 낳았다. 그 아들이 바로 조고였다. 당시 조나라 법에는 개가를 해서 낳은 아들이라도 예전 성을 이어받아야 했다. 그런데 더욱 혹독한 건 궁형을 받은 자의 아들 역시 궁형에 처해야 한다는 법이 있었다. 이런 경우를 바로 연좌 궁형이라고 했다.

자손을 대대로 끊어버려서 완전히 멸족을 하겠다는 형벌이었다. 그래서 환관들은 결국 양자를 들이는 풍습을 이어갔다. 궁형은 한나라 때 성행하다가 청나라 때까지도 띄엄띄엄 실시됐다고 한다.

보관료는 별도입니다, 창자

죄를 짓고 형벌을 받아서 궁형에 처해진 뒤에 환관이 된 경우가 많았지만, 사고로 생식기를 잃어버리고 환관이 된 경우도 있었다. 예를 들면 어린아이 때 개한테 물린다든지 하는 일이 실제로 있었다고 한다.

그런데 당나라 이후부터는 환관이 높은 벼슬에 올라가고 황제를 지근거리에서 모시다보니 권력을 잡게 되는 경우도 많았다. 어떤 때는 문관이나 무관보다 실제로 더 큰 권력을 행사하기도 했다. 그러다 보니 문관이나 무관이 될 수 있는 과거를 통해 벼슬을 받는 것보다 눈 딱 감고 스스로 환관이 되기로 선택한 사람들도 적지 않았다. 이런 사람들을 위해 이른바 수술을 실시해주는 곳이 있었다.

바로 베이징 자금성의 서쪽 문인 서화문 밖에 '창자'라는 장소였다. 창이라는 글자는 요즘 말로 하면 공장이라는 뜻이다. 정말로 환관을 만들어주던 '공장'이었던 셈이다. 여기에 가면 칼을 잘 쓰는 기술을 가진 도공이 있어서 환관 만드는 일을 했다고 한다.

아무리 그렇다 해도 옛날에는 마취약제도 발달하지 않았고, 외과 수술도 오늘처럼 위생적이지 않았기 때문에 실제로 상처가 덧나고 썩어들어가면서 죽는 경우도 허다했다. 생식기를 자른 곳에 난 요도의 구멍에 나무로 만든 마개를 막아놨다가 사나흘이 지난 뒤에 그걸 열었을 때 오줌 줄기가 뿜어져 나오면 살아났다는 신호였다.

그렇게 상처가 아문 뒤에 환관이 될 수 있었다. 그런데 환관이 된 뒤에 이들이 승진을 하기 위해서는 자신이 정말로 생식기가 없는 사람이라는 걸 증빙하기 위한 자료가 필요했다. 그래서 궁궐에서는 환관 심사 때, 잘린 생식기를 가져오도록 요구했다. 하지만 정신없는 수술 상황에서 이걸 잘 챙긴 사람은 없었다. 그걸 잘 알고 있는 도공이 수술 때마다 이걸 챙겨서 병에 담가 놓았고, 결국 환관들은 승진을 위해 누구 것인지도 모르는 잘려진 그것을 갖다가 증빙자료로 보여주었다고 한다. 그 과정에서 도공은 많은 돈을 벌어들였다.

다시는 거지를 무시하지 마라, 오자서

대통령이 시장을 방문했는데 한 상인이 "요즘 장사가 거지 같다"라고 말한 뒤에 곤욕을 치렀던 적이 있다. 국어사전에는 "거지같다"라는 말을 "(어떤 사물이) 보잘것없고 시시해서 마음에 달갑지 않다"라는 뜻으로 풀이가 돼있다.

중국어에도 똑같은 표현이 있다. '치까이'(乞丐), 우리 한자음으로는 '걸개'다. '걸'은 구걸한다는 뜻이고, '개'도 뭔가를 빈다는 뜻이다. 말 그대로 "거지같다"라는 뜻이다.

중국어에서 거지를 나타내는 다른 표현도 있다. 그중에 재미있는 것은 '화쯔'(花子)다. '화'는 꽃, '쯔'는 명사를 만들어주는 접미사다. 그러니까 거지는 곧 꽃이 되는 셈이다. 어쩌다가 이런 표현이 생겨났을까?

몇 가지 설이 있다. 그중 하나는 '구걸한다'라는 말에 꽃이라는 말과 비슷한 발음이 들어있어서 그렇게 됐다는 것이다. 다른 설은 이렇다. 옛날부터 거지들은 혼자 다니지 않고 무리를 지어서 떠들썩하게 돌아다녔다. 잔칫집을 주로 다니면서 걸식을 했기 때문에, 떼로 몰려가서 분위기를 띄워주는 역할을 담당하곤 했다. 그래서 예전에는 거지 역시 생계를 위한 당당한 직업 중 하나로 여겨졌다. 중국은 물론 우리나라에서도 있었던, 요즘은 없어진 풍속에 해당한다.

행사 때면 거지 무리는 노래도 하고 춤도 췄다. 쩡쩡 소리가 나는 악기와 화려한 도구들이 필요했다. 그래서 중국 거지들은 꽃으로 장식한 긴 봉을 갖고 다녔다. 이렇게 꽃을 가지고 다닌다 해서 거지를 화쯔라고 불렀다는 설이다.

중국에서 가장 유명한 거지로는 오자서(伍子胥)라는 사람이 손꼽힌다. 그 아버지는 초나라 평왕 시절 태자를 가르치던 사람이었다. 그런데 평왕과 태자의 관계가 틀어지면서 태자가 폐위됐고, 오자서의 아버지는 평왕에게 죽임을 당했다. 오자서는 나라를 버리고 도망가던 길에 피리를 불면서 밥을 얻어먹었다.

절치부심했던 오자서는 오나라가 초나라를 치러 갈 때 앞장을 섰다. 초나라에 돌아가 보니, 아버지의 원수였던 평왕은 이미 세상을 뜬 뒤였다. 분을 이기지 못한 오자서는 왕의 무덤을 파헤치고 그 시신을 꺼내 삼백 번이나 채찍질을 했다. 거지가 한을 품으면 이렇게 된다.

두 눈을 똑똑히 뜨고, 단오

일설에 따르면, 5월 5일 단오절은 춘추시대 때 억울하게 살다 간 오자서를 기리기 위해 생겨났다. 한때 초나라 출신의 거지였던 오자서는 오나라 임금 합려를 도운 공로로 높은 자리에 올랐다. 하지만 세월이 흘러 합려가 세상을 뜨고 그 아들 부차가 왕위를 이었다. 오나라는 앙숙이었던 월나라와의 싸움에서 크게 이겼다. 하지만 월나라 임금 구천이 화친을 요구하자 부차는 이를 들어주고 말았다.

오자서가 보기에는 위험한 일이었다. 월나라를 철저하게 무너뜨려야 한다고 건의했지만 부차는 듣지 않았다. 게다가 월나라에서 뇌물을 먹은 대신들까지 나서서 오자서를 모함했다. 그 말을 믿은 부차는 오자서에게 검을 하나 내린다.

스스로 목숨을 마감하라는 무언의 명령이었다. 오자서는 그렇게 한 많은 일생을 마쳤다. 그는 죽기 전에 이렇게 말했다. "내가 죽고 나서 내 눈을 파서 동문에 걸어두라. 월나라 군사가 오나라를 멸하러 오는 모습을 똑똑히 볼 테니." 그 말을 들은 부차는 대노해서 그의 시신을 가죽에 담아 강에 버리라고 명령했다. 그날이 바로 5월 5일이었다.

불운한 시인을 기리는 음식, 쭝쯔

단오라는 명절이 어떻게 시작됐는가에 대해서는 오자서의 죽음 말고도 여러 설이 있다. 가장 널리 알려진 것은 초나라 시인이었던 굴원을 기리기 위해서라는 설이다.

굴원(屈原)은 기원전 300년 즈음, 그러니까 지금부터 2300년쯤 전 사람이다. 굴원은 당시 초나라 회왕이 진나라 소왕의 초청에 응해서 진나라로 가겠다는 걸 반대했다. 그런데 회왕은 악

착같이 우겨서 진나라에 갔다. 그리고는 거기서 억류당해서 죽고 말았다. 굴원은 자신의 뜻을 제대로 펼칠 수 없었던 당시 상황에 절망했다. 아나나 다를까 뒤이어 왕이 된 양왕도 굴원을 멀리 내쫓아 버렸다. 뜻을 이루지 못한 굴원은 여기저기 떠돌며 자신의 아픔을 시로 승화해냈다. '이소'라는 시는 굴원의 대표작이다.

그러나 굴원은 결국 절망을 이겨내지 못하고 먹라강이라는 곳에 몸을 던지고 말았다. 이때 많은 백성들이 굴원을 기리기 위해 두 가지 일을 했다고 전한다. 하나는 배를 빨리 저어가서 굴원의 시신을 찾아오는 것이고, 다른 하나는 물고기들이 시신을 뜯어먹지 못하도록 '쫑쯔'(粽子)라는 이름의 대나무에 싼 찹쌀밥을 강물에 던졌다는 것이다. 중국인들은 지금도 단오날이 오면 쫑쯔를 먹고 '싸이룽촨'(賽龍舟)이라는 용모양으로 만든 배 젓기 경기를 하는 풍습을 즐긴다.

단오는 원래 전염병을 막자는 취지로 만들어진 날이라는 이야기도 있다. 음력 5월인데다 5일이어서 양기가 센 날로 여겨졌고, 그래서 이날에는 병을 잘 퇴치할 수 있다고 생각되었다. 단오는 또 한여름 더위가 시작되는 때여서 여름을 건강하게 나자는 마음을 다잡는 명절이기도 하다. 중국은 단오를 무척 중요하게 생각한다. 춘절, 청명, 단오, 중추절이 중국의 4대 명절이다. 그래서 중국 정부는 단오절 앞뒤로 사흘 정도를 공휴일로 지정한다.

누구의 것일까, 무형문화재

중국은 해마다 6월 두 번째 토요일을 '문화유산의 날'로 정해서 기념하고 있다. 지난 2006년부터 시작된 기념일이다. 우리는 '문화재'라는 표현을 더 많이 쓰지만, 중국은 '문화유산'이라는 말을 주로 쓴다.

우리는 수십 년 전부터 문화재의 중요성을 깨닫고 이를 보호하는 정책을 수립하고 또 집행해 왔다. 그러나 중국에서는 문화재에 대한 중요성을 최근에서야 알게 됐다고 해도 과언이 아니다. 사회주의 혁명의 모토가 옛날 사상, 유물을 다 뒤엎고 새로운 세상을 만들자는 것이었기 때문에 문화재에 대한 관심도 덜할 수밖에 없었다. 특히 무형문화재에 대해서는 더더욱 관심을 갖지 못했다.

그러다가 개혁개방이 시작된 이후부터 문화재를 보호해야한다는 깨달음을 얻은 뒤 많은 노력을 기울이기 시작했다. 대표적으로는 유네스코 세계문화유산에 많은 유물을 등재하고 있다. 1987년도에 고궁, 만리장성, 둔황 막고굴 같은 유물의 등재를 시작으로 지금까지 모두 36개의 문화유산, 13곳의 자연유산, 4개의 복합유산이 유네스코에 등재돼 있다.

뿐만 아니라, 국가급문화유산목록이라는 정책도 만들어서

자국의 여러 유산을 이 목록에 포함시키고 있다. 2000년대 이후에는 여러 소수민족의 문화유산을 등록하면서 조선족의 아리랑, 농악, 한복, 그네타기 등을 모두 포함시켰다.

이 때문에 우리 네티즌과의 사이에 문화 갈등이 자주 벌어지기도 한다. 거꾸로 중국은 단오제나 서원 같은 문화유산이 중국에서 유래됐는데 한국이 빼앗아가서 이걸 유네스코에 등재했다고 비판하기도 한다. 문화재, 그중에서도 무형문화재는 사실 가까운 나라들 사이에 공유할 수밖에 없는 역사적, 문화적 상황과 맥락이 있다. 그 소유권을 지나치게 강조하다 보면 오히려 얻는 것보다 잃는 게 더 많을 수도 있다.

공자 출생의 비밀, 야합

중국인에게 가장 존경하는 인물을 꼽으라면 꼭 빠지지 않는 사람이 있다. 바로 공자(孔子)다. 공자는 유가의 창시자로서 우리 문화에도 엄청난 영향을 준 사상가이자 교육자이자 정치인이었다. 공자의 이름은 공구로, '언덕 구'(丘)자를 쓴다. 머리가 움푹 파여서 그렇다고 한다. 요즘 말로 하면 '짱구' 정도가 되겠다.

공자의 탄생 비화는 꽤 흥미롭다. 공자의 아버지는 숙량흘이라는 춘추시대 노나라의 무관이었다. 당시 노나라는 오늘날 산둥 지역에 있었다. 그런데, 공자는 성이 공씨인데 아버지 이름은 숙량흘이라니? 이런 의문이 들 수도 있겠다. 숙량은 자이고, 흘이 이름이다. 옛날 중국에는 성과 씨를 구분했는데, 숙량흘도 공씨였다.

숙량흘은 원래 맹피라는 본처가 있었는데 둘 사이에 딸만 아홉을 낳았다. 아들이 하나 있었다고도 하는데 아마 몸이 불편했던 모양이다. 아들을 더 갖고 싶어 했던 숙량흘은 예순여섯의 나이에 안징재라는 처녀를 만나 공자를 얻었다. 당시 안징재는 열일곱밖에 안되었다. 무려 쉰 살이나 차이가 나는 사이였다.

그래서인지 공자의 어머니는 자신이 죽을 때까지 아들에게 아버지의 무덤이 어디인지 알려주지 않았다. 공자는 어머니가 죽고 나서야 이웃 사람으로부터 아버지의 무덤 위치를 알았고, 어머니를 그 옆에 모셨다. 이 때문에 사마천이 쓴 역사책『사기』에는 둘 사이 관계가 적절하거나 공식적이지 않았다는 뜻으로 '들 야'(野), '합할 합'(合) 자를 써서 '야합'이라고 표현했다. 공자는 이런 '야합'을 통해 태어났다.

공자의 탄생일은 9월 28일이다. 물론 이날이 정말로 공자의 생일인지는 아무도 모른다. 그동안 중국에서도 여러 설이 서로 티격태격했다. 요새는 대체로 9월 28일로 합의가 된 상황이다.

부작용은 책임지지 않습니다, 연단술

중국에는 '양생'(蛔娥)이라는 말이 있다. 말 그대로 목숨을 기른다는 뜻이다. '수양섭생', 그러니까 수명을 늘리기 위해서 몸을 잘 관리하는 방법을 일컫는다. 이런 양생 방법은 위진남북조 시대부터 유행했다. 20~30년이 지나면 왕조가 뒤바뀔 정도로 복잡하고 어지러운 시대였다.

이 시기, 도가를 숭상하던 많은 사람은 어지러운 세상을 떠나 산속으로 숨어들었다. 유가와 도가는 난세에 맞서는 두 가지 극단적인 입장을 보여준다. 유가 같은 경우에는 열심히 난세에 맞서 싸우면서 자기가 꿈꾸는 세상을 만들려고 하지만, 도가는 자기 한 몸 지키면서 어지러운 세상이 끝나고 태평성세가 다시 찾아오기를 기다린다.

위진남북조 때는 또 인물에 대해 평가를 하는 이른바 품평 문화가 성행할 때였다. 어떤 인물을 등용하려고 하면 그 사람에 대한 품평이 중요한 역할을 했다. 속세에 관심을 끊고 산속에 숨어 사는 청렴결백한 사람이라는 평가는 오히려 등용을 위한 좋은 배경이 됐다.

당시 도가에 빠진 사람들은 산속에서 좋은 세상이 오길 기다리면서 수명을 늘리기 위한 다양한 양생법을 수행했다. 처음에는 먹는 것에 집중하여 주로 풀과 곡식만을 섭취하며 살았다. '방에서 하는 일' 즉 남녀관계인 방사를 잘 조절하는 것도 핵심적인 일로 꼽혔다. 남녀관계의 기술인 '방중술', 즉 방안에서의 기술도 양생의 방법으로 고안됐던 것이다. 그리고 이들의 욕심은 목숨을 늘릴 수 있는 약을 만드는 데까지 뻗어나갔다.

불로장생을 가능하게 하는 약을 만들어 먹으면 양생도 저절로 될 테니까 말이다. 그래서 한때 중국에서는 '단'이라는 불로장생약을 만드는 방법, 즉 연단술이 아주 유행했다. 하지만 이런 불로장생약을 만드는 과정에서는 수은 같은 중금속이 많이 들어갔고, 화학물질 중독으로 오히려 일찍 죽는 경우가 많았다.

이제 연단술은 없어졌지만 양생의 정신은 오늘날까지도 중국 사회에 꾸준히 내려오고 있다. 중국인이 일상생활에서도 꾸준히 연마하는 태극권 같은 운동도 양생의 한 방법이라고 할 수 있다. 세상이 어지러울수록 자신의 몸과 건강은 스스로 잘 지켜야만 한다.

복용 시 폭발을 주의하십시오, 화약

중국이 자랑하는 4대 발명품은 종이, 화약, 나침반, 인쇄술이다. 이 4대 발명은 약 2천 년 전부터 시작되어, 늦어도 서기 1200년 이전에는 모두 이뤄진 걸로 추정된다. 중국의 문화적 위력을 짐작할 수 있는 사건들이다. 종이나 나침반, 인쇄술이 실용적인 필요에 의해서 만들어진 반면, 화약의 발명은 좀 특이하다.

진시황이라고 하면 불로초를 많이들 떠올린다. 늙지 않고 영원히 사는 것은 진시황뿐만 아니라 많은 사람들의 꿈이었다. 이런 풍조는 진나라가 망하고 한나라를 거쳐 위진남북조 시대에도 계속됐다.

이런 사회적 분위기를 주도했던 그룹이 바로 도가였다. 위진남북조 때는 정세가 불안하고 전쟁이 계속되었다. 한 치 앞의 일을 알기 어려운 시절이었다. 그때 도가를 신봉했던 많은 인물들은 현실을 외면하고 자연으로 들어갔다. 이건 일종의 처세술이었다. 세상이 어지러울 때 거기에 맞서 싸울 것이냐, 아니면 회피할 것이냐의 선택에서 유가 그룹은 당연히 맞서 싸우는 쪽을 택하지만, 도가 그룹은 달랐다. 회피하는 게 상책이라고 봤다.

회피하면 어쩌겠다는 걸까? 세상이 다시 평안해질 때까지 기다리겠다는 뜻이었다. 그래서 이들은 주로 산속으로 숨어들었다. 그런데 세상이 평안해질 때를 보려면 그때까지 자기가 계속 살아있어야 한다. 자신의 생명을 유지하는 일이 중요해졌다. 그래서 도사들은 연단술에 심취했다. 불로장생약만 제대로 조합해 놓으면 늙지 않고 오래 살 수 있다는 믿음 때문이었다. 연단술사들은 여러 가지 화학 재료들을 섞는 실험을 마다치 않았다.

그러다 어느 날 유황, 질산칼륨, 숯을 섞었더니 꽝! 하고 터지게 되었다. 효과가 엄청난 약품을 발명했다 싶었던 이들은 그것에 '불약', 화약(火藥)이라는 이름을 붙여주었다. 인류의 발명이 이렇게 엉뚱하게 이뤄졌다.

괴물 '년'을 물리쳐라! 폭죽놀이

음력으로 정월 초하루는 설날이다. 중국은 '춘절'이라 부른다. 춘절을 맞는 중국에는 여러 가지 풍습이 전해 내려오고 있다. 그중에서도 가장 말도 많고 탈도 많은 게 바로 폭죽 놀이다.

한 해를 보내고 새해를 맞으면서 폭죽을 터뜨리며 노는 문화는 그 역사가 매우 오래됐다. 중국에 가 있으면 밤새 끊이질 않고 터지는 폭죽 때문에 잠을 못 이루는 건 둘째치고 귀부터 먹먹할 정도다. 새해가 되니까, 즐겁고 신나게 놀 수 있으니 폭죽을 터뜨리는 것도 이해가 되지 않는 바는 아니다. 하지만 화재 위험이 따르는 것은 물론, 폭죽이 낳는 오염물질에 대한 우려도 최근에는 크다. 폭죽 때문에 미세먼지 수치가 높아진다는 보고까지 나올 정도다.

그래서 중국 정부는 폭죽놀이 자제 권고를 넘어 많은 지역에서 아예 폭죽을 못 터뜨리게 규제하고 있다. 하지만 중국인들은 폭죽을 터뜨리는 데 여전히 열성이다. 도대체 이 풍습은 어디에서 비롯됐을까?

오래전 전설 이야기로 거슬러 올라가봐야 할 것 같다. 우리가 '새해'라고 할 때 한자로는 '신년'이라고 쓴다. 이때 '년'(年)이라는 한자는 원래 괴물의 이름이었다. 머리가 길고 뿔이 나 있고, 날카로운 이빨에 눈빛이 매서운 괴물이다. 이 괴물은 평소에는 깊은 바닷속에 살지만, 해가 바뀔 때만 되면 뭍으로 올라와서 짐승을 잡아먹고 사람들을 해쳤다고 한다. 해마다 어김없이 년의 습격을 받은 사람들이 방법을 궁리하다가 찾아낸 게 바로 이 폭죽이었다. 마을을 찾아들어오는 괴물을 향해 밝은 불을 갑자기 쏘아대면서 펑펑펑 소리도 요란하게 폭죽을 터뜨리자 괴물이 온몸을 떨면서 고꾸라졌다고 한다. 여기서 비롯된 풍습이 오늘날까지도 이어지고 있다.

옛날 옛적 섣달 그믐날 밤에 어둠을 밝히면서 축제를 즐기려던 사람들이 혹시 찾아올지도 모를 들짐승의 습격을 막기 위해 이런 방법을 고안했던 일이었을 것이다. 거기에 그럴듯한 이야기가 덧붙여지면서 짐승은 괴물로 변하고, 괴물은 '년'이라는 이름까지 얻게 되지 않았을까?

정보혁명으로 역사를 바꾼 환관, 채륜

4대 발명 중 종이는 가장 먼저 발명된 걸로 추정된다. 기원후 105년, 한나라 때 채륜(蔡倫)이라는 환관이 발명의 주인공이다. 채륜은 당시 황궁에서 여러 가지 물건들을 제작하고 관리하는 직책을 맡고 있었기 때문에 새로운 발명에 관심이 많았다.

사실 채륜이 그전에는 전혀 없었던 종이를 어느 날 갑자기 '짠'하고 내놓은 건 아니다. 그전에도 종이가 있었다. 그러나 그 품질은 좋지 않았다. 글씨를 쓰려면 표면이 매끄러워야 하는데, 그전까지 종이라고 했던 것들은 비단 조각이나 나무껍질들을 더덕더덕 붙여놓은 수준이었다. 표면이 울퉁불퉁할 수밖에 없었고 글씨를 쓰기에는 영 적합하지 않았다. 채륜은 궁리를 거듭

해서 나무껍질을 아주 작게 갈아 넣고, 거기에 풀을 쑤어 넣어서 서로 엉겨 붙게 한 다음 평평하게 펴줬다. 그렇게 새로운 종이가 탄생했다.

종이의 발명은 인류 역사의 획기적인 발전이었다. 오늘날과 같이 책 한 권이라는 형태가 만들어졌으니, 부피가 큰 대나무에 글을 쓰고 그것을 돌돌 말아 한 짐이나 되는 것을 무겁게 들고 다니던 과거와는 이별이었다. 컴퓨터나 핸드폰, 외장하드 같은 기기가 점점 작아지면서도 더 많은 정보를 담게 된 것이 현대의 정보혁명을 불렀던 것과 비슷하다. 종이의 발명 역시 책이라는 저장장치의 형태를 바꾸면서 지식의 혁명적 변화를 일으켰다.

미국의 언론 『타임』은 2007년, 역사를 이끌어온 가장 위대한 발명가 33인을 선정했는데, 그중에 채륜은 중국인, 아니 동양인으로는 유일하게 그 명단에 이름을 올렸다. 채륜은 인류 역사의 진보를 이룬 인물로 꼽힌다.

부모를 죽인 원수, 조씨고아 이야기

국립극단의 공연 〈조씨고아, 복수의 씨앗〉은 해를 거듭하면서 한국 관객에게 사랑받는 중국의 이야기로 완전히 자리 잡았다. 「조씨고아」는 중국의 4대 비극 가운데 하나로 꼽히는 유명한 이야기다. 원나라 때 기군상이라는 극작가의 극본에서 유래한다. 물론 작가가 완전히 지어낸 이야기는 아니고, 춘추전국시대부터 내려오는 이야기를 극화한 것이다.

춘추시대 진나라에서 벌어진 일이다. 영공은 방탕한 임금이었다. 곁에서 이런 모습을 보던 조순은 여러 차례 간언을 하지만 말이 통하질 않았다. 조순과 도안고는 서로 앙숙이었는데 조순이 조정을 떠나자 그 형제 조천이 영공을 죽이고 성공을 왕으로 삼았다.

그 뒤 조순은 아들 조삭을 임금의 누이에게 장가보냈다. 도안고는 이런 장면들이 못내 불쾌했다. 도안고는 조순을 암살하기로 하고 결국 실행에 옮긴다. 도안고의 위세가 당당하던 때였다.

그때 바로 조삭의 아내, 임금의 누이인 장희공주가 아이를 낳게 된다. 아이의 목숨이 위태롭다는 사실을 직감한 장희공주는 믿을만한 의원이었던 정영을 통해 약상자에 아이를 넣어 빼돌렸다. 성안의 갓난아이를 모두 잡아들이라는 도안고의 명령에 넋이 나간 정영은 자기 아이를 조씨 집안 아이라고 거짓으로 일러바치고 결국 아이를 잃고 만다.

도안고의 신임을 얻은 정영은 진짜 조씨의 아이와 함께 도안고의 집에서 세월을 보낸다. 그렇게 힘을 키운 조씨 고아는 어른이 되어 진실을 알고는 결국 자기를 길러준 도안고에게 복수의 칼을 휘두른다.

연극뿐만 아니라, 중국의 유명한 감독 천카이거가 연출한 영화도 있다. 이 이야기에는 분노를 다스리는 중국인의 문화적 전통이 숨어있다. 중국인에게는 분노가 일어나면 반드시 어떤 방식으로든 표출해야 하는 심리가 있다. 부모를 죽인 원수는 대를 이어 반드시 복수해야만 한다.

따라할 수 없는 처연미, 서시

중국에서 윙크를 함부로 해서는 안 된다. 잘못하면 상대방에게 싸움을 건다는 뜻이 된다. 바로 그 윙크에 관한 옛날이야기가 있다. '동시효빈'(東施效顰)이라는 사자성어에 얽힌 일화다. "동시라는 사람이 눈썹 찡그리기를 흉내내다"라는 뜻인데, 이야기인즉슨 이렇다.

옛날 중국 월나라에 아름다운 미녀 서시(西施)가 살고 있었다. 얼마나 아름다웠던지 후세 사람들은 서시를 중국의 4대 미녀로 꼽는다. 그런데 서시는 위장이 많이 불편했던 모양이다. 이 때문에 눈썹과 이마를 찡그리며 아파했다고 한다. 그런데 다른 사람들이 보니, 바로 그렇게 얼굴을 찡그리는 모습이 더더욱 아름다웠다. 서시의 이런 모습은 금세 소문이 퍼졌고, 사람들은 서시의 아름다움에 대한 이야기로 꽃을 피우곤 했다.

이에 시샘을 느낀 한 여인이 서시의 모습을 따라하기 시작했다. 하도 그러고 다니다 보니 사람들은 이 여인에게 '동시'라는 별명을 지어주었다. 하지만 서시의 아름다움에는 전혀 미치지 못했다. 그때부터 동시효빈이라는 성어가 만들어져서 유행하기 시작했다.

'효'(效)라는 글자는 '본받다', '따라하다'는 뜻이다. '빈'(顰)이라는 한자는 평소에는 잘 쓰지 않는 글자인데, 말 그대로 '찡그리다'는 뜻이다. 그 이후 동시효빈이라는 말은 "겉모양만 흉내 내서 더 좋지 않은 결과를 가져오게 된다", "객관적인 상황을 무시하고 모방해서 나쁜 결과에 이르게 된다", 또는 "남의 결점을 장점인 줄 알고 덩달아 흉내 내서 더욱 나빠진다"라는 뜻을 갖게 되었다.

모방은 창조의 어머니라고 했던가. 우리는 모두 누군가를 따라 배움의 길을 걷는다. 하지만 어른이 되었다는 건 무엇을 따라하고 무엇을 따라하지 말아야 할지 잘 분별할 수 있는 능력을 갖춘 상태를 의미한다.

이 얼굴이 아니잖아요, 왕소군

봄이 오면 떠오르는 성어 중에 '춘래불사춘'(春來不似春)이라는 말이 있다. 그대로 풀어보면 "봄은 왔지만 봄 같지 않다"라는 뜻이다. 꽃샘추위가 계속되는 등 봄 날씨가 따뜻하지 않을 때 쓰기도 하고, 어떤 일이 잘 안 풀릴 때 비유로 쓰기도 한다.

중국 당나라 때 동방규라는 시인의 작품에 나오는 표현이다. 동방규 본인은 사실 아주 유명한 시인은 아니다.

"오랑캐 땅에는 꽃과 풀 없으니,

봄은 왔지만 봄 같지 않구나.

옷과 허리띠 절로 헐렁해지니,

잘록한 허리를 위해서는 아니리."

그런데 이 시구 하나가 오늘날까지 널리 기억된다. 시의 제목은 「소군원」, 소군의 한이라는 뜻이다. 소군은 왕소군(王昭

君), 한나라 때 원제라는 황제의 후궁이었다.

한나라 때 북쪽에는 흉노족의 거대한 나라가 있었다. 흉노는 유목지에 살았기 때문에 남방정책을 펴서 늘 한나라를 위협했다. 한나라는 흉노의 위협을 피하기 위해 원제의 후궁 중 하나를 흉노의 임금에게 시집보내서 화친을 맺기로 했다.

원제는 누구를 보낼까 하다가 좋아하지 않는 궁녀 중 하나를 고르기로 했다. 그러나 후궁이 많았기 때문에 일일이 다 얼굴을 보고 고를 수 없었다. 원제는 모연수라는 궁정 화가에게 후궁들의 얼굴을 그려내라고 명령했다. 후궁들은 황제의 맘에 들고 싶었기 때문에 모연수에게 엄청난 뇌물을 갖다 바치면서 이왕이면 예쁘게 그려달라고 청탁을 했다. 하지만 왕소군은 가난해서 그럴 수 없었다. 황제는 그림만 보고 흉노에게 보낼 후궁을 뽑았다. 뽑힌 후궁은 물론 왕소군이었다.

황제는 멀리 보내기 전 마지막으로 왕소군을 불렀다. 그런데 이게 웬일인가. 생각지도 못한 미모를 발견하게 된 것이다. 화가 모연수는 즉결 처형을 당했다. 그러나 흉노와의 약속을 어쩔 수 없었기 때문에 왕소군은 흉노에게 시집가고 말았다. 중국의 4대 미녀 중 하나로 일컬어지는 왕소군은 이렇게 흉노 땅에서 평생을 살았다.

이런 상황을 한참 뒤에 당나라 시인 동방규가 노래한 것이다. 그 노래에서 나온 말이 바로 봄 같지 않은 봄, '춘래불사춘'

라는 표현이다.

그 꼴을 보느니 차라리 죽겠다, 식초

식초는 면역력을 높이는 데 도움이 된다고 한다. 중국에서 '식초'는 말은 글자 그대로의 뜻뿐만 아니라 다른 의미도 가진다. '식초를 먹는다'는 표현은 중국어로 '츠추'(吃醋)라고 하는데, 이 말은 '질투한다'는 뜻으로 쓰인다. 어쩌다가 식초가 질투라는 뜻을 갖게 됐을까?

이런저런 말들이 있지만, 가장 유명한 이야기는 이렇다. 당나라 태종 이세민이 황제였던 시절이었다. 그는 왕조 초기 신하들의 환심을 사려고 미녀들을 골라 하사해서 첩을 삼게 했다. 싱글벙글, 신하들이 모두들 좋아한 건 불 보듯 뻔한 일이었다.

그런데 신하 중에 하나만 황제가 하사한 여인을 마다했다. 당 태종은 곰곰이 생각한 끝에 이건 분명히 원래 정실부인이 가로막았기 때문이라고 추측했다. 그래서 환관 하나를 불렀다. 그러고는 독이 든 술 한 병을 딸려 보내면서 그 부인을 설득하라고 했다. 이건 황제의 뜻이니 받아들이든지 정 그렇게 못하겠다면 독이 든 술을 마시라는 것이었다.

환관이 찾아갔지만, 부인은 완강했다. "독주를 마시고 죽는 한이 있어도 나는 못 하겠다" 하고는 그 자리에서 술병을 들고 꿀꺽 마셔 버렸다. 그런데 웬걸, 죽기는커녕 알고 봤더니 그 안에 든 건 독주가 아니라 진한 식초였다. 애초부터 황제가 상황을 알아보기 위해 머리를 썼던 것이다. 그 부인의 뜻이 황제의 뜻을 결국 꺾고 말았다. 그때부터 중국어에서는 식초를 먹는다는 말이 질투한다는 의미로 쓰인다.

부처가 서쪽에서 온 까닭은, 백마사

불교는 인도에서 발원해서 중국을 거쳐 우리나라에도 많은 영향을 끼쳤다. 중국의 사상과 문화를 이해하려면 유가와 도가, 불교를 잘 알아야 한다.

불교는 무엇이든 중국에서 시작됐다는, 기원에 대한 강박을 보이는 중국인들이 인정하는 몇 안 되는 외래문화다. 하지만 중국은 이런 외래문화를 받아들이고 나서 완전히 자기화하면서 새로운 방식의 종교를 만들어냈다.

기원전 6세기, 그러니까 지금부터 약 2600여 년 전 즈음에 생겨난 인도의 원시 불교는 동남아시아와 중앙아시아로 뻗어나가면서 진리를 전해주었다. 중국은 불교를 인도에서 직접 받아들인 게 아니라, 당시 서역이라고 불리던 중앙아시아로 건너간 불교를 받아들였다. 이것은 이미 만들어지기 시작했던 실크로드가 있었기에 가능했다. 중국이 불교를 받아들이던 때는 한나라 중엽, 기원후 1세기 즈음이었는데, 당시의 일화로 다음과 같은 것이 전해진다.

때는 한나라 명제 시절이었다. 기원후 64년이 되던 해였다. 황제가 어느 날 밤에 잠을 자다가 꿈을 꾸었다. 키가 크고 머리에서 빛이 나는 황금색 사람이 서쪽에서 날아오더니 황궁을 휘휘 돌며 날아다니는 것이었다.

황제는 다음 날 아침 대신들에게 이상한 꿈을 꾸었다며 이야기를 해주었다. 그러자 한 신하가 이렇게 말한다. "서역에 신이 있는데 부처라고 불린다고 합니다. 황제께 찾아와서 법을 구하시라는 뜻이 아닌가 합니다."

황제는 이런 해석을 듣고 무척 기뻐했다. 그래서 곧바로 여남은 명의 대신들을 서쪽으로 보내서 불경과 불법을 구해왔다. 한나라 명제는 그러고 나서 4년 뒤, 기원후 68년에 중국 최초의 절, 백마사를 황제가 살던 낙양에 지었다. 백마사는 오늘날까지도 남아서 중국 불교를 대표하는 가장 중요한 사원으로 자리 잡고 있다.

왕자의 난의 모델, 현무문의 변

재벌 2세들이나 유력 정치인의 아들들은 요즘에도 간혹 '왕자의 난'을 벌인다. 유산 때문이다. '왕자의 난'이라고 하면 흔히 떠올리는 인물이 조선 태종 이방원이다. 그는 조선을 세운 이성계의 다섯째 아들로, 배다른 막냇동생 이방석이 세자로 책봉된 데 불만을 품고 반란을 일으켜, 형제들을 처치한 후 결국 왕위에 올랐다.

중국의 문물을 많이 받아들인 조선은 어쩌면 이런 역사까지도 고스란히 수입했을까 싶다. 중국에도 같은 예가 있다. 때는 당나라 시절이다. 힘을 못 쓰던 수나라를 물리치고 다시 통일왕조를 세운 당나라의 고조 이연이 황제에 올랐다.

그에게는 아들이 셋 있었다. 이연은 아들들에게 모두 관직을 내렸다. 맏아들 이건성은 태자로 삼고, 둘째 아들 이세민은 옛 진나라 땅을 주어 진왕으로 책봉하고, 막내아들 이원길에게는 옛 제나라 땅을 주어 제왕으로 책봉했다. 능력은 이세민이 출중했다. 태원에서 병사를 일으켜서 당나라를 세우는데 혁혁한 공을 세웠다. 그를 따라 개국공신이 된 문신과 무신들도 쟁쟁했다. 그러다 보니 그의 형과 동생, 건성과 원길은 세민을 질투하기 시작했다.

둘은 모의 끝에 돌궐족이 중원을 처들어오면 돌궐을 무찔러야 한다는 명분으로 이세민 수하의 병사 지휘권을 넘겨받고 이세민을 무장해제 한 뒤 죽이기로 했다. 하지만 비밀은 없는 법, 계획은 곧 발각되고 말았다. 이세민은 아버지를 찾아가 억울함을 호소한다. "아버지! 형하고 동생 좀 혼내주세요." 뭐 이렇게 말하지 않았을까? 아버지 고조 이연이 세 왕자를 궁으로 불러들였다. 궁으로 들어가는 길에는 반드시 지나야 하는 현무문이라는 곳이 있었다.

근처에 이세민의 군대가 매복하고 있다가 두 왕자를 처리했다. 중국 역사에서 '현무문의 변'이라고 불리는 사건이다. 권력은 이세민에게 돌아갔고, 아들들의 정변이 꼴 보기 싫었던 아버지는 황제 자리를 둘째 아들에게 물려주었다.

이세민은 그렇게 당 태종의 자리에 올랐다. 역사는 그렇게 반복되는 걸까? 요즘도 벌어지는 '왕자의 난'의 속사정이야 어찌 알까만, 피도 눈물도 없는 비정함은 예나 지금이나 마찬가지일 것 같다.

너, 나 알아? 트럼프바이러스

트럼프바이러스. 코로나바이러스가 전 세계에 유행하는 사이, 중국에서는 한동안 '트럼프바이러스'라는 말이 유행했다. 중국어로는 '터랑푸빙두'(特朗普病毒)라고 한다. 이 말은 미국 트럼프 대통령이 코로나19를 두고 '중국바이러스'라고 부른 데 대한 항의 차원에서 만들어졌다.

중국에서는 트럼프의 중국바이러스 발언을 두고, 방역에 실패한 미국의 상황을 민족주의적 망상으로 은폐하려는 전략이라고 비판했다. 트럼프가 정말로 바이러스처럼 아무런 말이나 막 쏟아낸다는 반응도 나왔다. 사실 우리도 익히 알고 있지만, 트럼프 대통령은 말을 좀 막하는 스타일이었다.

실로 중국에서는 말을 함부로 했다가 좋은 끝을 보지 못한 경우가 많다. 당나라 시절, 중국 유일의 여황제 측천무후가 잠깐 정권을 잡았을 때였다. 한령규라는 관리가 있었다. 이 사람은 별로 집안도 좋지 않고 재주도 많지 않았다. 그런데 친화력만은 정말 끝내줬다. 누구든 처음 만난 사람에게도 금방 형 동생 하면서 친해졌다. 그런데 이게 좀 과해서, 길에서 좀 이름난 사람을 만나면 얼른 다가가서 "형님, 동생" 하면서 말을 건네곤 했다. 상대방은 "이게 무슨 상황이지"하면서 영문을 모르곤 했다.

어느 날 한령규가 사소한 잘못을 저질러서 관가에 끌려가 곤장을 맞게 되었다. 형틀에 엎드려 주변을 보니, 이게 웬걸, 측천무후의 조카가 지나가고 있었다. 한령규는 소리를 질렀다. "아이고 형님, 이 동생 좀 구해주세요." 그 조카가 빤히 쳐다보더니 한소리 했다. "너, 나 알아?" 양쪽 상황을 물끄러미 바라보고 있던 형리는 옳다구나 하고 곤장을 내려쳤다. 황제의 조카를 친구인 척 대한 벌을 받아 한 대 맞을 걸 두 대 세 대 맞았다.

어찌나 세게 내려쳤던지, 한령규는 그 자리에서 목숨을 잃고 말았다. 중국 속담에 "병은 입으로 들어가고 화는 입에서 나온다"(病從口入, 禍從口出)는 말이 있다. 중국에 대고 '바이러스'를 연발하는 트럼프를 향해 중국 사람들은 어쩌면 이렇게 말하고 싶지 않을까?

"너, 나 알아?", "네가 중국을 알아?" 이게 부글부글 끓고 있는 중국 사람들의 속마음일지도 모르겠다.

전통의 악명, 베이징 화장실

중국 화장실은 유명하다. 숫자가 많지도 않은데다 겨우 한 군데 발견하더라도 비위생적이라서 도저히 사용할 엄두가 안 나기 때문이다. 심지어 문이 없는 화장실도 많다.

원나라 이후, 명나라, 청나라를 이어서 지금까지 중국의 수도 역할을 하고 있는 도시, "베이징에는 화장실이 없다"라는 말이 있다. 화장실이 없다니, 어떻게 된 걸까?

베이징의 중심은 황제가 사는 황궁, 즉 '고궁'이다. 그런데 궁궐을 지을 때, 황제가 사는 공간에 더러운 걸 들일 수 없다고 해서 아예 화장실을 포함시키지 않았다. 고궁에는 황제만 사는 게 아니고 관리나 환관, 궁녀도 살았을 텐데 이 사람들은 어떻게 볼일을 봤을까?

고궁 근처로 뛰어나와서 주변 공터에서 일을 해결했다. 그러니 고궁 주변은 오물로 뒤덮인 땅이었다. 베이징 시내에 공중화장실이 전혀 없었던 건 아니었지만 모두 돈을 받았기 때문에 굳이 돈 내고 볼일을 보려고 하지 않았다.

그러다가 시간이 좀 지나면서 공중화장실이 늘어나는데, 수완 좋은 중국 사람들에 의해서 사업으로 변모했다. 오물을 모아서 비료 장사를 하기 시작했던 것이다. 농업이 주된 산업이었던 1940년대까지 오물 비료 사업은 만만찮은 이권을 형성했다. 1930~40년대 상하이의 재벌이었던 두위에성이라는 사람은 바로 이 화장실 사업으로 엄청난 부를 거머쥐게 됐다. 그러다 보니 분뇨를 잘 모으는 방식으로 화장실 구조가 만들어졌다. 대도시에서도 화장실 분뇨를 실어 나르느라 악취가 진동하게 됐다.

사회주의 혁명 이후에 중국 정부가 화장실 사업을 금지하기는 하지만, 수백 년 동안 계속되어온 화장실 사용 습관이 하루 아침에 바뀌기는 어려웠다.

보석으로 장식된 그릇, 마통

황궁에 화장실이 없다면 황제는 어떻게 볼일을 봤을까? 춘추전국시대 진나라 경공이라는 제후는 화장실에서 볼일을 보다가 변기통에 빠져 죽었다는 기록이 있다. 상상 그 이상의 일은 이것만이 아니다.

항우를 물리치고 한나라를 세운 고조 유방은 회의할 때면 화장실 가는 시간이 아까워서 신하들 앞에서 볼일을 봤다고 한다. 한번은 마땅히 처리할 방법이 없자 신하가 쓰고 있던 모자를 달라고 해서 거기다가 소변을 봤다. 유방은 원래부터 성격이

괄괄한 동네 건달 출신이라서 품격과는 조금 거리가 있었던 모양이다.

한나라를 크게 부흥시킨 황제였던 무제는 큰일을 보면서 관리들을 맞이했다고 한다. 하지만 이런 일들은 예외적인 경우였다. 황궁 안에서는 옥으로 만든 볼일 보는 그릇을 시종들이 준비해서 들고 다녔다. 이걸 '호랑이 호'(虎) 자를 써서 '호자'라고 불렀다. 일종의 요강이었다.

왜 호랑이라는 이름을 붙였을까? 한나라 때 이광이라는 장군이 시초다. 그는 어느 날 청동으로 호랑이 모양 변기를 만들었다. 나는 호랑이도 무서워하지 않는 맹장이라는 걸 보여주기 위함이었다. 그래서 호자라는 이름이 생겨났다.

그런데 당나라 때 와서는 이게 '마통'이라는 이름으로 바뀌었다. 당나라 황제의 집안에 이호라는 이름을 가진 조상이 있었기 때문이다. 그래서 '호'라는 글자를 피해, '말 마'(馬) 자로 대신하여 마통이라고 불렀다.

황제들의 마통은 갈수록 화려해져서 비취나 마노 같은 보석으로 장식되곤 했다. 송나라 태조 조광윤은 후촉이라는 나라를 정벌한 뒤에 보석으로 꾸며진 멋진 그릇을 발견하고는 술잔으로 써야겠다 생각했지만, 그도 잠시 그게 황제의 마통이었다는 사실을 알게 되고 깜짝 놀랐다. 중국에서는 지금도 변기를 마통이라고 부른다.

귀뚜라미 싸움에 목숨이 왔다갔다, 완시솨이

가을 하면 떠오르는 곤충은? 귀뚜라미다. 요즘에야 도시에 사는 사람들은 귀뚜라미 볼 기회가 거의 없지만, 예전에는 가을을 상징하는 꽤 흔한 곤충이었다. 중국인들은 이 귀뚜라미를 꽤 좋아한다. 얼마나 귀뚜라미를 좋아했던지 애완용 장난감으로 즐기기도 했다.

귀뚜라미를 한자로는 '실솔'(蟋蟀)이라 쓰고, 중국어로는 '시솨이'라고 읽는다. 두 글자 모두 각각 귀뚜라미라는 뜻으로, 귀뚜라미를 위해서 두 글자를 만들어줬을 정도다. 귀뚜라미 놀이는 '완시솨이'(玩蟋蟀)라고 한다. 귀뚜라미끼리 싸움을 붙이는 놀이다. 우선 고양이 수염을 뽑아서 귀뚜라미 엉덩이 부분을 간지럽힌다. 그러면 귀뚜라미가 흥분을 해서 서로 싸운다. 심하면 한 마리가 죽을 때까지 싸움이 계속된다. 중국인들은 이 싸움을 보면서 즐거워했다.

시합은 당연히 내기를 불러왔기 때문에, 귀뚜라미 도박도 널리 퍼지게 되었다. 여기에 돈, 치정, 폭력이 뒤얽히면서 심각한 사회 문제로까지 비화되었다. 송나라 때 당안흠이라는 학자는 이렇게 한탄하기도 했다. "사소한 벌레 싸움 때문에 칼부림이 일어나고, 전 재산을 걸었다 알거지가 되어 버리니, 어찌 심각한 일이 아닐까!"

귀뚜라미 싸움에 얽힌 이야기는 중국에 많이 전해내려온다. 귀뚜라미 싸움에 중독된 부부가 빚을 내서 실력 좋은 귀뚜라미를 샀는데, 실수로 놓치면서 집에서 키우던 닭이 이걸 꿀떡 삼켜버리자 허탈한 나머지 함께 세상을 뜨기도 했단다. 청나라 때 출판된 책 중에 세상의 기이한 이야기를 모아놓은 『요재지이』라는 소설집에도 귀뚜라미 기담이 실려있다. 아버지가 관리에게 바칠 귀뚜라미를 준비해 두었는데 아들이 실수로 이걸 죽이고 말았다. 아들은 아버지를 위해서 스스로 귀뚜라미로 변신한다. 그래서 귀뚜라미 싸움 대회에 나가서 일등을 하고 관리는 큰 상금을 받게 된다는 이야기다.

이처럼 중국인들은 백성들부터 고위 관리까지 귀뚜라미에 푹 빠져 살았다. 애니메이션 〈뮬란〉에서 크리켓이라는 귀뚜라미 캐릭터를 친근하게 만들어낸 까닭도 이런 중국 문화를 고려했기 때문이다.

200냥 특가에 떨이로 팔았다, 둔황 막고굴

보물을 발견하는 법칙이 있을까? 빨래나 청소를 하다 생각지도 않았던 돈을 발견한 경험을 한두 번 갖고 있을 것이다.

중국 둔황 막고굴에 왕위안루라는 도사가 살았다. '막대'가 더 이상 클 수 없다는 뜻인 것처럼, '막고'는 더 이상 높을 수 없다는 뜻이다. 곧 막고굴은 아주 높은 곳에 세워진 굴인데, 원래는 불교의 사원이었다.

1900년 7월 12일의 일이었다. 왕위안루는 청소를 하던 중, 한 석굴에서 엄청난 유물들을 발견했다. 서진 시대부터 북송 시대까지 이르는 약 700년 동안의 경전, 문서, 그림이었다. 그 숫자도 어마어마해서 대략 5만 건 정도로 추정하고 있다. 송나라 때 전쟁의 피해를 입을까 봐 승려들이 숨겨놓은 것들이라고 여겨진다. 이곳은 경전을 감춘 동굴이라는 뜻인 '장경동'이라는 이름을 얻게 된다.

이곳은 실크로드를 통해 서방으로 넘어가기 위한 전략적 지점이었다. 15m에서 30m 높이의 산비탈에 4개 층으로 지금까지 전해오는 석굴만 해도 735개나 된다. 왕위안루가 찾아낸 곳은 석굴 안의 석굴이어서 그동안 눈에 뜨이지 않았다. 승려들은 이 석굴에서 생활하면서 엄청난 숫자의 벽화와 조각상, 그리고 책들을 남겨놓았다. 중국예술사, 문학사, 종교사를 다시 쓸 정도의 발견이었다.

이런 귀중한 보물에 처음 눈독을 들인 이들은 바로 서양인들이었다. 1907년, 보물이 있다는 소식을 들은 영국의 오렐 스타인이라는 고고학자는 겨우 은화 200냥을 주고 만 점이 넘는 유물을 대영박물관으로 가져갔다.

이듬해에는 프랑스의 폴 펠리오라는 사람이 또 6천 점이 넘는 유물을 쓸어갔다. 값은 은화 600냥이었다. 이때 폴 펠리오가 가져간 유물 중에는 신라의 혜초 스님이 쓴 『왕오천축국전』이 들어있었다.

이렇게 보물이 해외로 빠져나가고 있다는 소식을 들은 청나라 정부는 부랴부랴 유물을 베이징으로 옮기라고 지시하지만, 그 뒤에도 유물의 유출은 계속되었다. 그나마 남겨진 유물들이 1987년에 고궁, 만리장성, 진시황릉 등과 함께 중국 최초로 유네스코 문화유산에 등재되기도 했다.

청나라 황제까지 죽었다고? 미세먼지

우리나라 미세먼지의 적지 않은 양이 중국에서 건너온다는 건 다 아는 사실이다. 그나마 최근 중국이 이런 사실을 조금씩 인정하고 함께 대책을 세우겠다는 소식이 들려서 조금은 위안이 되기도 한다.

미세먼지는 얼마나 위험한 걸까? 미세먼지에 오래 노출되면 심지어 죽음에까지 이를 수도 있다. 실제로 1952년 12월 영국 런던에서 그 유명한 스모그 때문에 나흘간 4천 명 이상이 사망하는 사고가 있었다.

중국도 예외는 아니다. 미세먼지 때문에 1년에 150만 명 이상이 죽는다고 한다. 중국의 연간 사망자 수가 7백만 명 정도 되는데, 그중 5분의 1 가까이 되는 사람이 미세먼지로 인해 사망한다는 것이다. 이걸 하루로 나누면 4100명이 되고, 한 시간으로 따지면 170명이 된다.

미세먼지에 오래 노출되면 실제로 각종 폐 질환, 호흡기 질환, 혈행 장애에 따른 뇌졸중 등이 발병할 수 있다고 한다. 이렇게 무시무시한 미세먼지가 청나라 황제들을 죽였다는 주장까지 나오고 있다. 물론 청나라 때 미세먼지는 요즘 같은 공업산 먼지는 아니었을 것이다. 그때도 중국 서부 사막에서 불어오는 먼지가 적지 않았을 테다. 청나라에는 모두 12명의 황제가 있었는데, 이들 중 절반, 6명이 공교롭게도 11월에서 2월 사이 겨울에 죽었다. 미세먼지가 겨울에 훨씬 더 기승을 부리다 보니, 바로 여기에 착안해서 청나라 황제의 사망 원인을 유추한 것이다. 중국에서도 미세먼지 문제가 얼마나 심각한지를 보여주는 방증이 아닐까 싶다.

실제로 청나라 황제들이 미세먼지 때문에 죽었는지는 알 길이 없다만, 우리 앞에 닥친 미세먼지 대책, 중국과의 협력을 통해 잘 해결할 수 있기를 바란다.

청나라의 독창적인 언론탄압, 강희자전

300년 전으로 시간 여행을 떠나 보자. 바로 1716년 1월 13일의 일이었다. 중국을 대표하는 한자 사전인 『강희자전』이 세상에 첫선을 보인 날이다. 자전의 이름은 당시 황제의 연호가 '강희'였기 때문에, 그에 따라 붙여졌다. 당시까지만 해도 가장 규모가 큰 사전이었다.

자전이란 우리가 일반적으로 이야기하는 '사전'과는 약간 다른데, 한 글자 한 글자에 대한 뜻풀이에 더 집중하는 방식이다. 『강희자전』은 4만 하고도 7035개 한자를 실었다. 한자의 부수와 획수를 따라서 배열을 하고 12간지를 따라 모두 12집으로 나누었다. 30여 명의 학자가 모여서 5년이 넘게 기존 사전을 정리하는 작업을 거쳤다고 전한다.

강희제는 청나라의 네 번째 황제였다. 만주족 출신으로서 한족이 중심이었던 중국 땅을 원만하게 통치한 황제로도 유명하다. 특히 중국 역사상 최초의 국제조약이라고 하는 네르친스크조약을 체결한 일로도 이름이 나있다. 네르친스크조약은 청나라가 러시아와 네르친스크 일대 국경을 분명하게 설정하는 조약이었다. 중국에서는 천하의 모든 땅을 황제가 다스린다는 중화사상이 강했는데, 러시아 땅을 인정한 상황이 됐다. 하지만 이런 일화는 바로 강희제의 실용적인 모습을 보여주고 있다.

강희제는 말 그대로 문무를 겸비했다고 평가를 받는 황제였다. 그래서 이렇게 방대한 학술적인 작업도 가능했을지 모르겠다. 하지만 이런 학술 프로젝트를 두고 비판하는 목소리도 없지 않다. 청나라는 만주족이 세운 왕조였기 때문에, 한족 관료를 많이 등용하지 않았다.

"배우고 나면 벼슬을 해야 한다"라고 생각했던 한족 지식인들은 불만이 많았다. 그래서 이런 불만도 다독이기 위해 자전 편찬을 지시했다는 것이다. 지식인들에게 뭔가 눈앞에 역할을 부여하면 나랏일과 정치에는 관심이 덜할 수 있으니, 비판적 목소리를 막기 위한 노림수가 있었다고도 한다.

4

파란만장한
중국 근·현대 역사

아 망했어요, 베이징 함락

8월 14일은 중국에서 매우 큰 역사적 사건이 있었던 날이다. 19세기와 20세기가 교차하던 1900년의 일이었다. 새벽을 틈타 8개국 연합군이 베이징에 쳐들어왔다.

미국, 영국, 독일, 프랑스, 러시아, 이탈리아, 오스트리아-헝가리, 일본 이렇게 8개국 군대가 각각 맡은 베이징성의 성문을 둘러싸고 공격을 해댔다. 러시아군은 동직문, 일본군은 조양문, 미군은 동편문이라는 식이었다. 그날 아침 성문이 모두 열리고 말았고, 연합군은 승전보를 울리며 베이징을 접수했다.

서양 제국주의는 왜 느닷없이 베이징에 쳐들어왔던 걸까? 그해 중국에서는 의화단 운동이 부상했다. 이들은 '부청멸양', 청나라를 도와서 서양을 멸하자는 운동을 펼쳤다. 운동에는 신체 단련과 종교적인 색채도 가미되었다. 서양을 멸해야 한다는 취지에 따라서 기독교를 반대했는데, 이게 좀 정도가 심했다. 외국인 선교사는 물론이고 중국 기독교인까지 잡아들여 살상을 가하기도 했다. 의화단이 외국 공사관을 포위하자, 이를 빌미로 삼아 여덟 개 나라가 동시에 들이닥쳤다.

청나라 군대는 상당한 군사를 보유하고도 제대로 맞서 싸워보지도 못한 채, 속수무책으로 당하고 말았다. 당시 실권을 쥐고 있던 서태후는 도망가기에 바빴고, 궁궐 안 수많은 보물과 군대 병기가 연합군으로 넘어갔다.

이듬해에 청나라는 8개 나라에다 벨기에, 스페인, 네덜란드까지 더해서 모두 11개 나라에 배상금을 주겠다고 약속했다. 이른바 「베이징의정서」가 체결된 것이다. 그때 배상금이 순은 4억 5천만 냥이었다고 한다. 하지만 이 액수는 청나라 1년 예산보다 몇 곱절이나 큰 규모였다. 그래서 배상 기간을 39년으로 잡았다. 청나라는 이걸 다 갚지도 못하고 무너지고 말았다. 배상금은 자연스럽게 그 뒤를 이은 중화민국으로 이어졌다.

이 때문에 중국인들은 제국주의 열강에 대해 분노의 감정을 갖게 됐다. 외국의 문물을 폭력으로 막겠다는 발상도 문제지만, 막무가내로 쳐들어오는 제국주의의 횡포는 더욱 큰 문제였다.

중화민국의 기원, 1911

10월 10일은 중국에서 신해혁명을 기념하는 날이다. 쑨원 (쑨중산)은 기울어가는 청나라에 더 이상 희망이 없다고 보고 1911년 10월 10일 중국 남부 지역에 자리한 우창이라는 곳에서 군대를 조직하고 봉기를 일으켰다.

우창은 지금은 우한으로 이름이 바뀌었다. 중국 후베이성에 있는 큰 도시다. 이 해가 바로 신해년이었기 때문에 쑨중산이 이끈 혁명을 신해혁명이라 부른다. 쑨중산의 군대는 후베이군이라 불렸다. 그는 곧 후베이군정부를 조직했다. 쑨중산의 혁명에 대해 중국 각지에서 많은 세력이 호응했다. 채 두 달도 되지 않아서 14개 성이 독립을 선언하면서 청나라 황실은 무너지고 말았다. 쑨중산은 그해 12월 29일 난징에서 17개 성의 대표가 모인 회의에서 임시대총통에 추대됐다. 이듬해 1912년 1월 난징을 수도로 하는 정부, 중화민국을 수립했다.

이 나라를 이끈 정당은 국민당이었다. 물론 군사력이 공고하지 못했던 탓에 나중에 위안스카이에게 권력을 넘겨주긴 했지만, 어쨌든 이 혁명으로 인해 중국의 '봉건주의'가 무너졌기 때문에 중국 공산당도 매우 중요한 사건으로 기념하고 있다.

쑨중산의 뒤를 이어 국민당의 당수가 된 장제스는 대만으로 물러간 뒤에도 중화민국이라는 국호를 계속 유지했다. 그 뿌리를 신해혁명의 성공이라고 보고 있다. 대만은 10월 10일을 국가가 세워진 뿌리가 되는 날이라고 보고, '십' 자가 두 개라는 뜻으로 쌍십절이라고 부르며 크게 기념하고 있다.

대만에서는 여전히 '민국'이라는 연호를 쓴다. 민국 연호의 원년이 바로 1912년이다. 그래서 민국 연호를 서기 연도로 바꾸려면 1911을 더하면 된다. 그러니까 2022년은 민국 111년이 된다. 대만에서는 아직도 이런 방식으로 연도를 기록하는 경우가 많기 때문에 알아두면 유용하다.

바다 건너의 국경절, 쌍십절

10월 10일은 중국의 '쌍십절'이다. '십' 자가 두 번 겹쳤다고 해서 쌍십절이라고 부른다. 바로 중화민국의 국경절, 건국기념일이다. 1911년 중국 우창에서 봉기가 일어나 쑨원이 주도하는 신해혁명으로 이어졌고, 이는 청나라가 멸망하게 되는 계기가 되었다.

그 봉기가 일어난 날이 바로 10월 10일이었다. 이렇게 시작된 봉기는 결국 만주족이 세운 청나라를 무너뜨렸다. 청나라의 멸망은 중국 역사에서 큰 의미를 갖는다. 2천 년이 넘게 이어져 온 왕조 체제, 황제가 다스리는 군주제가 종식되었기 때문이다.

우창봉기가 만들어낸 신해혁명의 결과로 한족이 중심이 되어 근대 국가인 중화민국이라는 공화국을 세우게 되었다. 현재 중국도 이날이 역사적으로 중요한 기념일이라는 점을 잘 알고는 있다. 특히 신해혁명이 자산계급 민주혁명으로서, 사회주의 혁명으로 이어지는 역할을 해줬다고 평가한다.

하지만 조금 미묘한 느낌도 없지 않아 있다. 우선 공교롭게도 사회주의 중국의 수립이 10월 1일이기 때문에 날짜가 얼마 차이가 나지 않는다. 중국은 현재 체제인 사회주의 국가가 수립된 날을 '국경절'로 성대하게 기념하고 있는데, 굳이 쌍십절까지 나서서 기념할 필요는 없다. 중화민국이 청나라를 물리치고 새로운 나라를 세운 건 맞지만, 결국에는 사회주의 중국이 다시 중화민국을 물리치고 지금의 나라를 세웠기 때문이기도 하다.

중화민국은 1949년 이후 대만으로 가서 명맥을 유지하게 된다. 그래서 오늘날 중국과 대만, 대만과 중국의 갈등이 계속되고 있다. 이 때문에 대만에서는 10월 10일을 건국기념일로 삼아 성대하게 행사를 치르고 있다. 대만뿐만 아니라 홍콩이나 마카오, 동남아시아, 미국 등지에 사는 화교들 역시 이날을 크게 기념하는 행사를 연다.

우리나라는 국경일이라고 하면 나라가 나서서 경축하는 날이라고 해서 삼일절, 광복절처럼 여러 날들을 기념하는데, 중국어로는 '국경'(國慶)이라 하면, 국가의 수립을 축하한다는 뜻이 된다. 지금 중국과 대만 사이에는 10월 1일과 10월 10일, 두 개의 국경절이 있는 셈이다.

반제국주의의 깃발, 5·4운동

5·4운동은 1919년에 일어났다. 1919년, 우리 역사에서는 3·1운동이 먼저 떠오른다. 그래서 많은 사람이 중국의 5·4운동이 한국 3·1운동의 영향을 받았다고 말한다. 동아시아의 미래가 한 치 앞도 내다보이지 않는 암울하던 시절, 한국과 중국의 민중은 새로운 미래를 설계해야 한다는 절박한 심정으로 운동을 일으켰다.

5·4운동은 제1차 세계대전이 끝나고 일어났다. 1차 대전은 유럽전쟁이라고도 불렸다. 1914년부터 1918년까지 4년 남짓 계속되었다. 영국, 프랑스, 러시아가 한 편이었고 독일, 오스트리아-헝가리가 한 편이었다. 전쟁이 계속되면서 이탈리아, 미국, 일본이 영·프·러 쪽에 붙었다.

일본은 전쟁에서 이기면 짭짤한 이득이 돌아온다는 사실을 익히 알고 있었다. 멀리 유럽에서 벌어지는 싸움에는 배 몇 척만 보내놓고 참전의 명분만 쌓았다. 그러고는 독일에 선전포고하고 당시 독일이 빌려갔던 중국 산둥 지역을 점령해 버렸다. 중국도 가만히 있어서는 안 되겠다 싶어 1917년에 참전했다. 중국과 일본이 한 편이 된 것이다.

전쟁이 끝나고 승리한 나라들이 파리에서 이른바 강화회의,

그러니까 평화를 강구하는 회의를 열었다. 중국도 1차 대전의 승전국이었기 때문에 당연히 참석했다. 중국은 일본에게 점령당했던 산둥 지역을 되돌려달라고 요구했다. 하지만 영국, 미국, 프랑스, 이탈리아 등이 이를 거부하고 일본 편을 들어주었다. 독일이 가지고 있던 산둥에 대한 권리를 일본이 다 가져가게 됐다. 중국은 전승국이었지만, 아무 대가도 받지 못한다. 전쟁을 계기로 빼앗겼던 영토를 찾아오려던 계획은 물거품이 됐다.

당시 중국 정부는 어쩔 수 없이 이런 결정을 받아들이려 했다. 이 소식이 1919년 4월 30일 중국에 급전으로 알려졌다. 소식을 들은 중국의 청년들이 들고 일어났다. 굴욕 외교라며 베이징대학 학생과 지식인들이 앞장서서 천안문광장에 모여들었다. 이들의 분노는 당시 외무차관이었던 차오루린의 집을 불살라버릴 정도였다. 과격하게 시작한 5·4운동은 구체제를 완전히 무너뜨리고 새로운 중국을 세우자는 쪽으로 힘을 모아가게 됐다.

5·4운동은 하루 이틀 만에 끝나지 않고 중국의 낡은 체제와 결별하려는 일련의 흐름으로 계속됐다. 새로운 문화를 만들자고 해서 5·4운동을 '신문화운동'이라고도 부른다. 5·4운동의 큰 목표는 두 가지 가치를 반대하고, 두 가지 가치를 진작하자는 데로 모여졌다. 반대하려는 가치는 제국주의와 봉건주의였다. 과학과 민주라는 가치는 실현하자고 제창했다.

역사적으로 5·4운동은 단기간에 끝나버리고 만 게 아니라 길게는 1921년까지 약 2년 동안 계속된 운동이었다. 우리나라에도 역사적인 운동이 많다. 하지만 특정한 기간에만 있었던 일로만 간주하지 말고 그 정신을 계속 이어가는 일이 더욱 중요하다.

중국에 새로 영입된 두 선생님, 싸이더

베이징을 중심으로 학생과 청년들이 나선 5·4운동은 시민과 상인의 열렬한 지지를 받았다. 파업과 철시가 이어졌다. 당시 이들의 에너지를 모아서 비전을 제시한 리더들이 있었다. 그중에 대표적인 사람이 초기 공산주의자라고도 불리는 천두시우였다. 그는 베이징대 교수였다.

천두시우는 5·4운동을 통해 중국이 만들어나가야 할 길을 크게 네 가지 구호로 정리했다. 앞서 말했듯 그중 두 가지는 '부정' 명령이었고, 두 가지는 '긍정' 명령이었다. '부정'은 반제와 반봉건으로 제국주의와 봉건주의에 반대하라는 구호였다.

'봉건제'는 중국에서 기원전 1000년쯤 세워진 주나라 때의 제도로 이후에는 한 번도 실행돼본 적이 없지만, 여기서는 전통 중국의 부정적인 면을 아우르는 표현으로 사용되었다. 이

구호들은 사회주의 혁명이 성공한 나중에도 두고두고 중국을 괴롭혔다. 문화대혁명 때, 봉건질서와 제국주의 국가들을 옹호한다는 미명으로 많은 사람을 노골적으로 비판하고 처형했던 것이다.

두 가지 긍정적인 구호는 과학과 민주였다. 과학과 민주를 '싸이(賽) 선생', '더(德) 선생'이라고 부르기도 했다. 과학을 영어로 '사이언스'라고 하니, 그 앞 글자를 따서 '싸이 선생'이라고 하고, 민주를 영어로 '데모크라시'라고 하니 역시 중국어로 음차한 앞 글자를 따서 '더 선생'이라고 칭한 것이다. 과학과 민주가 중국이 새롭게 모셔야 할 가치가 되었음을 보여주는 상징적 일화다.

3·1운동이 5·4운동을 낳았을까? 매주평론

5·4운동은 1919년에 일어났다. 1919년은 우리 3·1운동이 일어난 해이기도 하다. 5·4운동은 3·1운동의 영향으로 일어났다고 배운 적이 있다. 실제로 중국 사람들도 그렇게 생각할까? 글쎄다.

중국 책이나 만나본 중국인 가운데 5·4운동을 말하면서 3·1

운동을 언급하는 경우를 본 적이 없다. 물론 5·4운동이 일부 영향을 받은 건 확실해 보이다. 우선 당시 중국 신문들이 3·1운동 소식을 전했다.

『매주평론』,『신조』 같은 내로라하는 언론에서 1919년 3월 조선의 독립운동 상황을 소개하고 교훈을 얻어야 한다는 보도를 했다. 이 때문인지 당시 중국의 리더 격이었던 지식인 천두시우가 3·1운동을 높게 평가했다.

조선의 독립운동은 비무장 투쟁이었기에 세계 혁명사에 신기원을 열었다는 것이다. 조선 민족이 이런 활동을 하는 게 너무 부럽고 영광스러운데 중국 민족은 기운이 빠져 주저앉아 있으니 부끄러움을 금할 수 없다고도 했다. 이 글은 『매주평론』 1919년 3월 23일에 실렸다. 하지만 이 글 한 편만으로 3·1운동이 5·4운동에 전적으로 영향을 주었다고 말하기는 무리다.

당시 중국인들은 이웃나라 조선에서 독립운동이 벌어지고 있다는 사실을 정확히 알고 있었다. 그렇다 해도 3·1운동이 없었다면, 5·4운동이 없었을까 할 정도로 결정적이고 직접적인 영향 관계에 있다고 하기에는 부족해 보인다. 중국인들은 오히려 이보다는 1917년 일어난 러시아 10월 혁명의 영향을 더 많이 언급하는 것 같다.

물론 3·1운동은 포괄적으로 5·4운동에 영향을 주었을 것이다. 그럼에도 우리가 5·4운동을 언급하면서 지나치게 3·1운동의 영향력을 강조하는 것도 어쩌면 어떤 강박관념의 발로일 수 있다. 3·1운동이 영향을 주었으면 어떻고 아니면 어떤가. 우리 조상들은 정말 목숨 내놓고 나라를 되찾아오려고 노력했는데, 그 사실 하나만으로 충분하지 않은가?

노동운동을 총칼로 진압하다, 4·12 정변

1927년 4월 12일은 중국 역사에서 중요한 분기점이 되는 날이었다. 당시 국민당을 이끌던 장제스가 정변을 일으켰다. 1920년대 중국은 말 그대로 혼란 자체였다. 북부 지역은 청나라 말부터 군대를 장악한 군벌이 차지하고 있었다. 남부 지역에는 신해혁명으로 주도권을 가진 국민당이 자리 잡고 있었다.

국민당이 보기에 북쪽 군벌을 없애지 않으면 나라를 통일할수가 없었다. 그래서 '북벌'을 시작했다. 이때는 공산당도 국민당과 합작하고 있는 상황이었기 때문에 북벌에도 두 당이 협력했다. 국민당 군대는 연전연승하면서 북쪽으로 치고 올라가, 상하이와 난징까지 진군하기에 이르렀다. 장제스가 상하이에 들어가 보니 공산당이 주도하는 노동자 운동이 활발하게 이뤄지고 있었다.

당시 상하이는 한창 발전하는 도시였기 때문에 제조업, 건설업 같은 산업이 활황이었다. 노동자 조직이 생겨날 만했다. 금융 자본가의 회유에 넘어간 장제스는 공산당 노동자를 그냥 둘 수 없다고 생각했다. 상하이에 들어가 노동자를 동요시키고 이들을 억압하면 소란이 생기리라는 점을 이용했다.

4월 12일, 국민당군은 파업과 노동운동에 나섰던 공산당원과 노동자, 무고한 상하이 시민을 향해 무장 대응을 시작했다. 사흘 동안 무려 3백여 명이 죽고 5백여 명이 체포당하고, 5천 명이 넘게 실종되는 대참사가 벌어졌다.

'국공합작'을 하고 있던 공산당으로서는 뒤통수를 제대로 맞은 셈이 됐다. 공산당은 결국 석 달 뒤 국공합작 파기를 선언했다. 1923년부터 4년간 계속되던 국공합작이 결렬된 것이다. 그래서 중국 쪽에서는 이를 '4·12 쿠데타'라고 부르기도 한다.

마지막 황제, 푸이

1931년 9월 18일 일본은 만주를 군사적으로 점령했다. 그리고 이듬해인 1932년 3월 1일 만주국이라는 나라를 세웠다. 만주국은 중국 동북부의 거의 전 영역을 차지하고 있었다.

나라를 세우면서 내세운 이념은 '오족협화', '왕도낙토'였다. 오족협화란 다섯 민족이 함께 어울려 평화롭게 지낸다는 뜻이다. 여기서 다섯 민족은 만주족, 몽골족, 한족, 조선인, 일본인을 가리킨다.

왕도낙토란 황제를 중심으로 해서 낙토, 즉 이상국가를 만들겠다는 뜻이었다. 그러다 보니 만주국에도 황제가 필요했는데, 일본인은 청나라의 마지막 황제 푸이에 주목했다. 푸이는 청나라 말기 1908년, 세 살 때 황제가 됐다가 1912년, 일곱 살 때 청나라가 멸망하면서 황제 자리에서 물러났다.

일본은 자신이 만든 나라의 정통성을 조금이라도 인정받고 싶었던지 어른이 된 푸이를 만주국의 황제로 앉혔다. 수도는 지금의 창춘이었다. 이곳을 새로운 서울이라 하여 '신경'이라 부르고 여기에 황궁을 짓고 국가를 통치하게 했다. 하지만 통치랄 것도 없이 일본의 꼭두각시 정부에 불과했다. 그래서 중국에서는 만주국이라는 말 앞에 '거짓 위'(僞) 자를 붙여서 위만주국, 황궁도 위황궁이라고 부른다. 지금도 창춘에 가면 작은 규모의 위황궁이 남아있다.

1945년 일본이 항복을 선언하자 푸이는 일본으로 피신하려다가 소련 군대에 체포됐다. 그 이후 중국에 넘겨져서 전범으로 관리되다가 중국 공산당의 감시하에 베이징식물원 정원사를 지내기도 했다. 나중에는 전국정치협상회의 전국위원까지 지내기는 하지만, 파란만장한 푸이의 일생에서 만주국에서 일본 침략에 부역했다는 사실은 큰 오점으로 남았다.

독창적 전쟁 핑계, 루거우챠오사건

7월 7일은 7자가 두 번 겹쳐서 '행운의 날'이라고 생각할 수 있지만, 중국에서는 좀 우울한 날이다. 바로 '77사변'이 일어났기 때문이다. '77사변'이란 일본이 중국을 본격적으로 침략한 사건을 말한다.

1937년 중일전쟁의 도화선이 됐던 사건이다. 이 사건은 베이징시 서남쪽에 있는 한 다리 위에서 벌어졌다. 루거우챠오라는 다리이다. 루거우강의 다리라고 해서 이런 이름이 붙었다. 이미 중국 대륙까지 들어와 있던 일본군은 베이징에서도 서슴없이 군사 훈련을 하고 있었다.

바로 이날 근처에서도 일본군의 야간 훈련이 있었는데, 갑자기 총소리가 들리더니 일본군 사병 하나가 실종됐다. 알고 봤더니 볼일을 보러 갔던 것이었다. 사병은 20분 만에 멀쩡하게 돌아왔다. 하지만 일본군은 그사이 중국군 부대를 수색해야겠다고 통보했다. 당연히 중국은 거절했다.

그러자 일본은 만반의 전투 준비를 마치고 공격을 시작했다. 루거우챠오는 곧바로 일본 손에 넘어갔다. 확전을 꺼렸던 중국과의 협상 끝에 전투는 잠시 소강상태를 보였지만, 자국 경제 상황이 계속 안 좋아지고 있던 일본은 이 기회를 틈타 원료를 공급받을 수 있는 중국 대륙 침략을 본격화했다.

7월 28일, 일본은 중국에 대한 전면 공격을 시작했다. 베이징, 텐진, 상하이 등 주요 도시들이 속수무책으로 무너졌다. 20세기 아시아의 가장 큰 전쟁이라고 불리는 중일전쟁은 이렇게 볼일 보러 간 병사 하나 때문에 벌어졌다.

역사는 이런 우연이 만들어내는 결과일까? 중일전쟁의 도화선이 된 다리, 루거우챠오는 역사가 꽤 오래되었다. 1189년 송나라 때 만들어진 다리이다. 역사가 무려 800년이나 됐다. 돌로 된 다리로 아래쪽에는 아치 모양의 장식이 돼있고, 위쪽으로는 기둥마다 돌사자상이 조각돼있어 아름다움을 뽐낸다.

1961년에는 중국의 관리하는 1급 국가문물보호지역으로 선정됐다. 1991년부터는 아예 다리를 폐쇄한 상태에서 보호, 관리하고 있다. 중국을 찾았던 마르코 폴로가 이 다리를 보고 "세상에서 가장 멋진, 유일무이한 다리"라고 찬탄을 금치 못했다고 한다. 그래서 서양에서는 '마르코 폴로 다리'라고 부르기도 한다. 루거우챠오는 중국 역사의 영욕을 함께한 다리이다.

끔찍한 사건, 난징대학살

　1937년 12월 13일은 중국인에게는 잊을 수 없는 너무나도 참혹한 사건이 벌어진 날이다. 이날 바로 난징대학살이 시작되었다. 중국과 일본은 1937년 그해 7월 7일부터 전쟁에 돌입했다. 중일전쟁은 일본의 중국 침략으로 벌어진 전쟁이었다. 중국 국민당 정부는 일본군의 남하를 제대로 방어하지 못하고 후퇴하기 시작했다. 전쟁이 일어난 지 다섯 달 만에 당시 수도였던 난징이 함락됐다.

　수도의 함락은 매우 중요한 사건이었다. 국민당 군대는 난징을 포기하고 충칭을 임시수도로 공표했다. 하지만 국민당의 장군 탕성즈 사령관은 난징을 포기할 수 없다며 결사항전을 선언했다. 15만 명의 국민당 군대는 항복을 거부했다. 당시 난징 시민은 약 110만 명이었다고 한다. 탕성즈의 이런 전략에 따라 많은 시민이 난징을 탈출하지 않고 남아있었다. 그러나 12월 12일 일본군의 난징 함락이 눈앞에 이르자 탕성즈는 도망가 버리고 말았다.

　난징에 남아있던 60만 명의 시민과 군인은 꼼짝없이 일본의 포로가 됐다. 군인과 청년들은 일본군에게 붙잡혀 창장 가로 끌려가 기관총 사격에 목숨을 잃었다. 한꺼번에 만 명이 넘는 사람들이 총살당했다고도 한다. 총알을 아낀다는 명목으로 칼로 목숨을 빼앗거나 생매장을 하는 경우도 적지 않았다.

여성과 어린아이들의 수난은 이루 다 말로 할 수 없을 정도였다. 대학살이 해를 넘겨 1938년 2월까지 자그마치 6주 동안이나 이어졌다. 차디찬 겨울바람을 견디지 못하고 무고한 중국인들이 일본의 총칼에 죽어갔다. 희생자는 모두 30만 명이 넘었다.

일본의 극우 집단은 여전히 이 역사적 사실을 부정하고 있다. 중국 측이 사실을 날조했다고 주장한다. 하지만 수많은 증언과 증거는 일본의 잔인한 행위를 낱낱이 기록하고 있다. 중국 정부는 2014년 12월 13일부터 난징대학살 희생자를 위한 국가의 공식 추모일을 제정, 시행하고 있다. 2015년에는 이 사건의 기록물이 유네스코 세계기록유산으로 등재되었다.

중국인이 존경하는 캐나다 의사, 닥터 노먼 베순

중국에서 가장 유명한 의사 중 하나는 캐나다인이다. 유명할 뿐만 아니라, 중국인이 가장 존경하는 의사이기도 하다. 그는 1938년 중일전쟁이 한창일 때 중국 공산당 부대인 팔로군에서 부상당한 병사를 헌신적으로 치료했다. 의무병들에게 의료 기술을 전수하기도 했다. 당시로서는 흔하지 않았던 혈액형에 따른 수혈을 알려주기도 하고, 야전에서 외과 치료와 수술을 어떻게 해야 하는지도 가르쳐주었다. 당시 공산당과 합작을 하고 있던 국민당은 이 의사를 비난하면서 의약품 지원을 끊어버렸다.

1939년 10월, 환자를 수술하던 그는 왼손 가운뎃손가락을 수술칼에 찔렸다. 보름 뒤 또 수술을 하던 중, 상처가 났던 곳에 세균이 감염되면서 급성 패혈증에 걸리고 말았다. 그는 그렇게 결국 세상을 떠났다. 그의 나이 마흔아홉이었다.

노먼 베순. 중국어 이름 바이치우언이라는 의사가 그 주인공이다. 노먼 베순은 1890년 캐나다 온타리오주에서 의사 할아버지와 목사인 아버지 집안에서 태어났다. 흉부외과 전문의였다. 1차 세계대전 때는 캐나다군에 입대해서 참전하기도 했고 1936년에는 내전이 진행되고 있던 스페인으로 건너가 활약하기도 했다. 그는 어려서부터 공산주의를 신봉하고 있었다. 어딜 가나 공산주의자라고 고백하는 바람에 활동에 지장을 받았다. 스페인에도 오래 머무를 수 없었던 그는 공산당이 전쟁을 치르고 있던 중국으로 건너오게 됐다.

노먼 베순은 중국에서 '혁명열사'로 추앙받고 있다. 그를 기념하는 기념관과 이름을 딴 의과대학이 생겨나기도 했다. 중국 사람들은 지금까지도 이 캐나다 의사를 가장 존경하고 있다.

중국의 광복절, 전승기념일

중국은 1945년 9월 3일을 전쟁에서 승리한 날이라고 여기고 있다. '항일전쟁'은 중일전쟁을 가리키는 중국식 표현이다. 1937년 7월 7일부터 전면전으로 비화한 중국과 일본 간의 전쟁이었다. 일본은 1931년부터 중국을 침공하기 시작해서 만주와 상하이 등을 잇달아 침공했고, 1937년 전면전을 선포해 무려 8년 동안의 전쟁을 이어갔다. 이를 두고 중국에서는 일본에 대항했다고 하여 항일전쟁이라고 부른다.

우리는 일본이 항복을 선언한 8월 15일을 광복절로 기념하고 있다. 중국은 전쟁 승리를 보름 이상 늦춰 잡고 있다. 그 까닭은 일본이 공식적으로 항복 문서에 서명을 한 날이 1945년 9월 2일이기 때문이다.

바로 그날, 일본의 시게미쓰 마모루 외무대신이 일왕을 대신하여 도쿄만에 정박한 전함 미주리호에서 연합군 총사령관 맥아더 장군 앞에서 항복 문서에 서명했다. 이때는 장제스가 이끄는 중화민국도 연합국의 일원으로 대표를 파견했다.

나중에 사회주의가 들어선 뒤 지금의 중국 정부도 처음에는 8월 15일을 기념일로 삼았다. 하지만 1년 정도 지난 다음, 일본이 실제로 항복한 날은 9월 2일이기 때문에 전쟁에서 완벽히

승리한 건 9월 3일이 된다는 이유로, 1951년부터는 9월 3일을 항전승리기념일로 지켜오고 있다.

지난 2015년에는 바로 이 전승기념일의 70주년 행사를 앞두고 박근혜 전 대통령이 참석하느냐 마느냐를 놓고 한동안 실랑이를 했었다. 결국 행사에 참석한 박근혜 대통령이 천안문 누대 위에 올라 중국군의 열병식을 지켜보기도 했다.

한편 '반파시스트전쟁'이라는 표현도 있다. 이는 제2차 세계대전이 파시스트 국가들과의 교전이었기 때문에 붙여진 이름이다. 독일의 히틀러, 이탈리아의 무솔리니 등이 이끌었던 파시즘은 국가와 민족이 개인보다 훨씬 중요하다고 여기는 독재 사상이었다.

일본의 최후를 장식한 전쟁, 중일전쟁

중일전쟁은 제2차 세계대전의 대미를 장식했다고 해도 과언이 아니다. 중국과 일본은 중국이 청나라였던 시절, 1894년에 한 차례 맞붙은 전례가 있었다. 그래서 1894년의 전쟁을 제1차 중일전쟁, 1937년에 일어난 전쟁을 제2차 중일전쟁이라고 부르기도 한다.

1937년 7월 7일 루거우챠오 사변을 일으킨 일본군은 파죽지세로 남하해서 그해 12월 난징을 함락하고 광저우, 우한까지 삼켜버렸다. 중국은 당시 으르렁대던 국민당과 공산당이 이른바 국공합작으로 일본에 맞서 싸우지만 역부족이었다.

1938년부터 43년까지 약 5년간 중국과 일본의 전세는 막상막하였다. 그러다 1943년부터는 일본의 전력이 약화된 틈을 타서 중국군이 일본군을 밀어붙였다. 1945년 8월 일본이 무조건 항복을 선언하면서 중일전쟁도 끝났다.

중국은 1945년 9월 9일 난징의 중앙육군군관학교 대강당에서 2차대전 중국 지역의 항복 의식을 열어서 일본군의 항복을 받아냈다. 당시 중국을 침략해 왔던 일본군 총사령관인 오카무라 야스지가 일본을 대표해서 항복문서에 서명을 하고 자기가 차고 있던 칼을 꺼내 중국측에 이를 건넴으로써 공식 항복을 선언했다.

그러나 남은 건 국민당군 365만 명 사망, 중공군 58만 명 사망 또는 실종, 일본군 200만 명 이상 사상이라는 참혹한 결과뿐이었다.

인민해방군이 무력으로 점령한 곳, 티베트

중국 정부는 소수민족이 독립을 요구하는 운동을 할까 봐 늘 신경을 쓰고 있다. 그도 그럴 것이, 원래 자신만의 국가가 있었는데 나중에 중국에 통합된 소수민족들이 있다.

대표적으로 티베트족을 예로 들 수 있다. 티베트족은 중국어로 짱주(藏族)라고 한다. 인구는 약 630만 명 정도 된다. 중국 서부에서 서남부에 이르는 산악, 고원 지대에 주로 살고 있다. 이 지역이 사실 역사적으로 중국 땅이었냐 아니냐는 논란이 좀 있다.

티베트는 독자적인 왕조를 이어오다가 청나라 때 그 영향권 안에 들어갔다. 1911년 신해혁명이 일어나서 청나라가 멸망하자 티베트 지도자 달라이라마는 독립을 선언했다. 이후 중국 군대와 전투를 벌이기도 했지만 2차 대전 때 연합군으로 참전하는 등 독립적인 지위를 가지고 있었다.

그런데 사회주의 중국이 수립되고 나서 1년 뒤인 1950년 10월, 중국 공산당이 티베트를 침공했다. 전쟁이 벌어졌다. 1951년 4월부터 협상이 진행됐다. 힘의 논리를 당할 수 없었던 티베트는 그해 5월 23일 중국 정부하고 협정을 맺었다. 이른바 「평화롭게 티베트를 해방시키는 방법에 관한 협정」이었다.

그 결과 중국의 군대인 인민해방군이 티베트의 수도 라싸를 점령했다. 중국에서는 5월 23일을 '티베트 해방의 날'이라고 부른다. 이를 받아들이지 못했던 티베트인과 승려들은 인도로 망명했다.

이후 문화대혁명 때는 티베트의 많은 문화가 파괴됐다. 티베트의 사원이 3700개나 됐는데 이때 모두 파괴되고 13개밖에 남지 않았다는 말이 있을 정도다. 지금은 수많은 한족들이 티베트 지역으로 들어가 살면서 이른바 동화 정책을 펴고 있다.

동물들의 수난시대, 사해

중국 문화에서 쥐는 돈을 상징한다. 하지만 상징과 현실 사이에는 차이가 있다. 쥐는 그 습성 때문에 늘 사랑받는 동물은 아니었다. 중국 역사상 쥐는 수난을 당했던 경우가 많다.

때는 1958년으로 거슬러 올라간다. 사회주의 정권을 수립한 마오쩌둥은 약 10년 만에 우여곡절 끝에 경제를 발전시키자는 대약진운동을 실시했다. 당시 경제란 기본적으로 1차 산업, 농업이 중심이었다. 농촌의 생산량을 증대시켜야겠는데, 살펴보니 이를 방해하는 엄청난 세력이 있었다. 마오쩌둥은 그 세력을 네 가지로 콕 짚어냈다. 그리고 이것들을 '사해', 네 가지 해로움이라고 규정하고 싹 쓸어 없애야 한다고 명령했다. 바로 파리, 모기, 참새, 쥐였다. 쥐 같은 경우는 쥐는 인간에게 백해무익하다고 해도 과언이 아니다. 이때부터 네 동물은 씨가 마를 정도로 박멸당했다.

마오쩌둥이 이런 구상을 하게 된 데에는 한국전쟁 때 경험이 영향을 미쳤다는 설도 있다. 한국전쟁 때, 미군이 북한과 중국 접경 지역에서 세균전을 수행했다는 것이다. 그때 살포된 병균이 쥐를 비롯한 해충에게 전염되면서 곧바로 농작물은 물론 사람에게까지 피해를 주기 시작했다는 것이다. 물론 미군이 실제로 세균전을 수행했는가 하는 문제는 아직 논란이 좀 있다. 그러나 중국은 당시 그렇게 파악하고 있었다.

네 가지 동물 때려잡기 운동은 1960년대 초까지 계속됐다. 하지만 문제는 네 가지 동물 중에서 다른 건 그렇다 치고 참새였다. 참새가 해로운 새인가를 놓고, 웃지 못할 코미디 같은 사건이 일어났다.

저 새는 뭐다? 해로운 새

참새는 우리에게 가장 친숙한 텃새다. 중국에도 전국에 걸쳐 서식한다. 마오쩌둥은 1958년 해충을 퇴치한다면서 파리, 모기, 쥐, 참새를 박멸하는 캠페인을 벌였다.

멀쩡한 참새를 왜 박멸하자고 했을까? 마오쩌둥은 참새가 논밭의 곡식을 다 쪼아 먹어서 농업 생산력을 낮춘다고 생각했다. 거기에 일부 관료들이 부화뇌동해서 참새가 해로운 새이니 주저하지 말고 잡아 없애야 한다고 거들기 시작했다.

'참새박멸운동'이 본격적으로 일어나자, 포스터가 만들어지고 구호가 울려퍼졌다. "모두 함께 참새를 잡자." 참새는 주로 새총을 써서 잡았다. 당시 억울하게 목숨을 잃은 참새의 숫자를 보니 놀랍기 그지없다. 1958년 3월 20일부터 22일까지 고작 사흘 만에 쓰촨성 한 곳에서만 모두 1500만 마리가 죽고, 참새둥지 8만 개, 참새알 35만 개가 사라졌다. 베이징에서도 100만 마리 이상의 참새가 사라졌다. 통계는 그해 11월까지 8개월 동안 전국적으로 19억 6천만 마리를 잡았다고 말해준다.

『인민일보』는 참새박멸운동을 인간이 자연을 극복하는 위대한 투쟁이라고 선전했고, 시인들은 참새를 저주하는 시를 지었다. 이게 웬일인가! 당시 중국에는 정말 세상을 제대로 볼 줄

아는 양심적인 지식인은 없었던 걸까?

　당시 중국의 동물학자들은 참새 잡기 운동을 계속 반대했다. 아닌 게 아니라 얼마 지나지 않아 생태계의 교란이 시작됐다. 참새는 낟알을 따먹기도 하지만 해충을 먹어치우기도 하기 때문이다. 중국의 논밭에는 해충이 득실거리기 시작했다.

　급기야 2년 뒤, 1960년 3월 마오쩌둥은 "더 이상 참새를 잡지 마라. 네 가지 해충 가운데 참새는 빈대로 대신한다"는 지시를 내린다. 2년 동안 이어진 참새의 수난 시대는 이렇게 슬그머니 끝났다. 참새는 어렵사리 복권에 성공했다. 중국 현대사의 '웃픈' 일화다.

중국판 새마을운동, 대약진운동

　1958년 8월 29일, 중국 공산당 중앙정치국이 베이다이허회의를 열었다. 회의에서는 전국 농촌에 '인민공사'를 만들겠다는 내용을 의결했다. 인민공사란 농촌의 생산력을 높이겠다는 목적으로 만든 일종의 집단농장이다.

　마오쩌둥(毛澤東)이 이끌었던 중국의 사회주의 혁명은 마르크스 레닌이 주창했던 혁명과는 조금 달랐다. 마르크스 레닌은 노동자 혁명을 주창했지만, 1949년 사회주의 혁명 당시 중국의 노동자는 전 인구의 10%도 되지 않았다. 인구의 대부분은 농민이었다.

중국 혁명은 농노가 지주를 뒤엎는 과정이었다. 이는 당시까지만 해도 중국의 산업이 1차 산업, 즉 농업에 집중돼있었다는 뜻이 된다. 사회주의 국가를 세우기는 했지만, 연이은 전쟁으로 인해 경제 발전은 꿈도 꾸지 못할 일이었다.

마오쩌둥도 확실한 권력을 잡지 못하고 있던 상황이었다. 마오는 이런 상황을 반전시키려고 1956년 이른바 백화제방, 백가쟁명 방침을 실시했다. 온갖 꽃들이 함께 피어나고, 다양한 목소리가 경쟁한다는 이른바 '쌍백방침'이었다. 여기에 고무된 지식인들이 작심하고 비판에 나섰다. 비판의 핵심은 공산당의 독재에 대한 내용이었다. 그러나 권력 유지에 위협을 느낀 마오쩌둥은 이듬해까지 계속되는 이런 분위기를 일소하기 위해 자신과 공산당을 비판하는 일들이 모두 우파분자라며 구금, 체포, 숙청하기 시작했다. 대대적인 '반우파투쟁'이 벌어졌다. 당시 실각되거나 체포돼 투옥된 사람이 전국적으로 50만 명이 넘는다는 통계가 있을 정도다.

그리고 1958년에 이르러 대약진운동(大躍進運動)을 실시했다. 어떻게 보면 우리나라의 새마을운동처럼 "잘 먹고 잘살자"라는 운동이었다. 그 중요한 방편 중의 하나가 바로 인민공사였다. 1만 명에서 4만 명 정도 단위로 공사를 세우고 그 안에서 공동 노동, 공동생활을 추구했다. 행정 조직과 경제 조직을 통합했던 것이다. 특히 철강 생산을 위해 엄청나게 노력했다. 집집마다 쇠붙이를 모두 갖다 바치는가 하면, 이렇게 모인 쇠붙이들을 용광로에 녹이기 위해서 수많은 나무를 베어다가 불을 때기도 했다. 하지만 생산량은 줄어들고 숲은 나무가 사라져서 민둥산이 되고 말았다.

마오의 인민공사는 철저히 실패한 정책이었다. 2~3천만 명에 이르는 사람이 굶어죽고 말았다. 이런 상황 속에서 마오쩌둥은 점점 줄어드는 자신의 권력을 회복하기 위하여 1966년부터 문화대혁명이라는 광란의 극좌 관제 운동을 벌였다.

10년 동안의 암흑세계, 문화대혁명

1966년 5월 16일, 중국에서 문화대혁명(文化大革命)이 시작됐다. 문화대혁명은 말로는 "문화를 크게 바꾼다"라는 뜻이다. 하지만 실제로는 1976년까지 10년 동안 중국 사회를 온통 쑥대밭으로 만들어 놓은, 말 그대로 암흑의 나라를 만든 사건이었다.

문화대혁명의 발단은 그 얼마 전 상영되었던 〈해서의 파직〉(海瑞罷官)이라는 연극이었다. 명나라 시대 관리인 해서가 주인공인 희곡인데, 이것을 두고 봉건질서를 옹호했다는 비판이 어느 순간 걷잡을 수 없이 번져나갔다. 야오원위안이라는 사람이 비판의 포문을 열었다. 거기에 마오쩌둥이 화답했다.

마오쩌둥은 당시 자신의 정책 실패로 인해서 국가주석직도 내놓고 뒷전으로 물러나있던 상태였다. 그런 상황에서 자신이 다시 실권을 잡을 수 있는 기회를 포착했던 것이다. 1966년의 중국 공산당 중앙정치국 확대회의에서 마오쩌둥이 초안을 잡은 '문화대혁명'에 대한 강령인 「중국공산당 중앙위원회 통지」가 통과됐다. 이걸 보통 '5·16 통지'라고 한다. 사회주의 중국이 출범하기는 했지만, 여전히 이른바 '혁명'의 정신이었던 봉건주의에 반대하고 제국주의에 반대하는 사명이 완수되지 않았다는 명분이었다.

청산되지 않은 봉건과 제국을 싹쓸이해야 한다면서 중고등학생들이 홍위병이라는 이름으로 나섰다. 중국의 전통문화인 사찰이 수없이 파괴됐고, 서양에서 들어온 물건이라며 피아노 같은 악기를 때려부쉈다. 모든 권위를 부정한다며 부모와 교사의 말도 듣지 않고 학교도 가지 않고 집에도 들어가지 않았다. 그러면서 많은 지식인을 우파분자라며 몰아세워서 공개 비판, 처형했다. 문화대혁명은 중국 현대사의 막대한 재난이었다.

문화대혁명이 끝나고 그 주역이었던 사인방을 재판하면서 중국 법원은 73만 명이 박해를 당하고 3만 4800명이 사망했노라고 발표했지만, 이 숫자를 곧이곧대로 믿는 사람은 없다. 최소 수백만 명이 박해를 당하고 최소 수십만 명이 목숨을 잃었을 것으로 추정된다. 라오서나 톈한 같은 유명한 작가, 지식인, 정치인이 핍박을 견디다 못해 병사하거나 스스로 목숨을 버렸다.

문혁이 끝나면서 정권을 잡은 덩샤오핑은 마오쩌둥을 평가하면서 '공칠과삼', 그러니까 공헌은 7할, 과오는 3할이라는 유명한 말을 남겼다.

있는 자아도 없앤다, 자아비판

공자의 제자 중 증자가 한 말 중에 '일일삼성', 하루에 세 번을 살핀다는 말은 지금도 회자되고 있다. "나는 날마다 세 가지로 나를 살펴본다. 다른 사람을 위해 일을 할 때 충직했는지, 친구와 사귀면서 믿음을 지켰는지, 배운 것을 잘 익혔는지가 그것이다."

『논어』에 나오는 말이다. 세상에 완벽한 사람은 없다. 누구나 잘못할 수 있고, 틀릴 수 있다. 더 중요한 건 그다음 태도가 아닐까? 중국에는 이른바 자아비판이라는 문화가 있다. 공산당이 내부 조직을 강화하기 위해 활용하는 전략전술 가운데 하나인데, 원래는 말 그대로 순수하게 자기반성을 위해 만들어낸 것이다.

자기반성이니까, 스스로 돌아보고 잘못을 인정하고, 또 고칠 건 고치고 하면 될 텐데, 이게 점점 이상한 방향으로 흘러갔다. 자기반성의 차원을 넘어서서 다른 사람에게 자아비판을 강요하게 된 것이다. 결국 내부의 권력투쟁을 위해서 다른 사람의 반성을 요구하고, 그것을 빌미로 처벌이나 응징을 가하는 방식이 횡행했다. 1960~70년대 계속된 문화대혁명 시절에는 숙청하고 싶은 사람들을 큰길로 끌어내서 고깔모자를 씌우고 큰 나무판에 반동분자라고 써 붙여서 목에다 걸고 자아비판을 요구했다.

말만 자아비판일 뿐이지 완전히 조리돌림이다. 이런 조리돌림을 당하고 나면 정말 요즘 말로 영혼이 탈출하는 지경에 이른다고 한다. 억지로 이런 일을 하고 나면 사람은 자존감에 큰 상처를 입게 된다. 무너져 내린 자존감을 회복할 수가 없어서 결국 극단적인 선택을 하는 경우도 부지기수였다.

중국에는 여전히 이런 자아비판 문화가 남아있다. 특히 공산당원들 사이에 여전히 존재한다. 청나라 이야기를 다룬 드라마를 보면, 자기가 자기 뺨을 때리면서 "누차이, 누차이"라고 하는 장면이 간혹 나온다. '누차이'는 노비라는 뜻이다. 실제로는 노비가 아니면서도 자아비판을 위해서 그런 의례적인 행위를 하는 것이다. 보여주기 위한 '쇼'다. 다른 사람을 향한 떠들썩한 비판보다 가끔씩이라도 자신을 조용히 되돌아보는 시간을 가져보면 어떨까?

투표에서 지는 쪽은 삭제된다고? 26차 유엔총회

1971년 10월 25일, 미국 뉴욕으로 가보자. 제26차 유엔총회가 열리고 있다. 중국 외교부 챠오관화 장관과 주유엔중국대사 황화가 회의에 참석했다. 총회는 중요한 「제2758호 결의안」에 대해 표결을 실시했다. 결의안의 내용은 '중화인민공화국'의 모든 합법적 권리를 회복하고 국민당의 중화민국, 즉 대만이 가지고 있던 유엔의 대표권을 박탈하여 일체의 유엔 기구에서 축출한다는 것이었다.

표결 결과는 찬성 76표, 반대 35표, 기권 17표였다. 반대에 비하면 찬성이 압도적이었지만, 반대와 기권을 합하면 52표였기 때문에 중국으로서도 그저 안심할 수 있는 상황은 아니었다. 결과가 전자계표창에 뜨자 회의장에는 우레와 같은 함성이 울려 퍼졌다. 함성은 무려 2분이나 계속됐다. 찬성표를 던진 나라의 대표들은 큰소리로 노래를 부르며 환호성을 질렀고, 덩실덩실 춤을 추기도 했다. 중국 외교부 장관과 주유엔대사가 파안대소하는 모습이 사진에 잡히기도 했다. 역사적인 사건이었다. 1949년 사회주의 중국의 수립을 천명한 이래 12년 만에 '중국'이라는 나라가 국제적으로 공인된 순간이었다.

유엔에 가입하려던 중국의 시도는 당시가 처음이 아니었다. 1950년 9월 제5차 총회에서는 미국의 반대로 중국의 가입이 부결되었다. 그리고 1951년부터 1960년까지는 중국이 한국전쟁 당시 한반도를 침략했다는 이유로 역시 미국이 나서서 반대를 거듭했다. 1961년 제16차 총회에 와서야 유엔은 중국 문제를 논의할 수 있다고 인정했다.

중화인민공화국의 인정은 곧 중화민국, 대만의 유엔 탈퇴를 의미했다. 이때부터 중국이라는 나라의 대표권은 대륙 중국이 가져가게 됐고, 대만은 험난하고 굴욕적인 외교의 길을 걷게 되었다.

지도자 동지의 어떤 말씀, 방공동

　1972년, 중국은 여러 가지 변화를 겪었다. 가장 눈에 띄는 일은 바로 중국과 일본이 공식 수교를 했다는 사실이다. 중일 수교는 바로 전해 1971년에 있었던 미국과 중국 간 핑퐁외교의 한 결실이었다. 당시 일본에서 열린 나고야 세계탁구선수권 대회에 참여한 미국 선수들이 중국을 찾아가면서 중-미 외교의 물꼬를 텄다. 대외적으로는 해빙 무드가 이어지고 있었지만, 내부에서는 1966년부터 시작된 문화대혁명이 여전히 기승을 부리고 있었다.

　특히 문화대혁명을 이끌던 국방부장관 린뱌오가 1971년 9월 쿠데타를 시도하다가 발각돼서 소련으로 탈출하던 중에 비행기 추락으로 사망하기도 했다. 이 때문에 당시 마오쩌둥은 자신의 권력이 여전히 확고하지 않다는 위기의식을 가지고 있었다. 그래서 1972년 12월 10일이 되어, 특이한 지시를 하나 내렸다. 공산당 중앙이 「식량 문제에 관한 보고」를 전하면서, 마오쩌둥의 지시를 알려주었다. 지시 내용은 "동굴을 더 깊게 파고, 식량을 더 많이 쌓고, 잘난 체하지 마라"라는 것이었다.

　이게 무슨 소리일까? 마오쩌둥은 여전히 전쟁을 염두에 두고 있었다. 전쟁이 언제 일어날지 모르니 동굴을 파고 거기에

식량을 가능한 많이 비축하라는 지시였다. 이런 작전은 공산당이 수십 년 전 옌안이라는 동굴이 많은 지역에서 살아남았던 경험을 바탕으로 하고 있었다.

물론 마오가 정말로 전쟁이 일어날 거라고 생각했다기보다는, 내부적으로 어수선한 국내 사정을 전쟁이라는 말로 정리하려고 했을 것으로 보인다. 그러나 마오의 이런 지시는 위력을 발휘해서, 당시 중국인들은 실제로 '방공동'이라는 이름의 동굴을 파고 식량을 비축하는 일에 우르르 몰려들었다. 지도자의 한 마디 한 마디가 얼마나 사회 분위기에 중요한지 말해주는 사례다.

중국은 일본에게 사과를 받았을까? 중일수교

1972년 9월 29일. 동아시아의 국제질서를 바꾼 중요한 사건이 일어났다. 바로 중국과 일본의 수교였다. 한중수교가 1992년 8월 24일의 일이었으니, 그보다 20년 먼저 중일수교가 이뤄진 셈이다.

수교 회담을 하기 위해 당시 일본 다나카 가쿠에이 총리가 직접 중국을 방문해서 마오쩌둥을 만났다. 9월 25일 베이징을 찾은 일본 총리 일행은 당시 중국 최고 지도자들과 두루 접견했는데, 특히 저우언라이 총리와는 네 번에 걸친 회담을 열었다.

4박 5일이 지난 29일, 두 나라는 「중일공동성명」에 서명한다. 성명은 "두 나라가 비정상 상태를 끝내겠다"라는 말로 시작한다. 요즘 우리는 일본이 식민지 지배에 대해서 정확하게 사과하지도 않고, 위안부나 강제징용 문제에 대해서도 민간에서 있었던 일이라고 발뺌을 하고 있는 상황을 목도하고 있는데, 일본은 과거 문제가 한일수교 당시에 모두 끝났다는 논리를 편다.

중국도 우리처럼 일본 제국주의에 적지 않은 피해를 봤다. 제국주의 열강의 반식민지 상태로 신음하던 20세기 중국에 가장 큰 상처를 남긴 것이 일본의 침략이었다. 그렇다면 일본은 중국과 수교하면서 사과를 했을까?

공동성명은 이렇게 쓰고 있다. "일본 측은 일본이 과거에 전쟁으로 중국 인민에게 조성한 중대한 손해에 대한 책임을 통감하고 깊은 반성을 표한다." 그런데 이에 대한 중국 측의 대응이 좀 의아하다. "중국은 중일 양국 인민의 우호를 위해 일본에 대한 전쟁 배상 요구를 포기한다."

우리 생각에는 있을 수 없는 일이다. 아마 당시 문화대혁명의 와중에 여러 가지 문제를 고려한 외교적 선택이었을 것이다. 대신 중국은 대만이 중국의 일부분이라는 인정을 얻어냈다. 중국 당국의 일본에 대한 입장은 이렇게 때때로 우리와는 사뭇

달리 모호한 측면이 있다. 모두 이른바 '국익'이라는 기준 때문이다.

트라우마의 기억, 탕산대지진

"자라 보고 놀란 가슴 솥뚜껑 보고 놀란다"라는 속담이 있다. 2020년 7월, 중국에서 지진이 일어났다. 탕산이라는 도시였다. 중국 시간 7월 12일 오전 6시 38분의 일이었다. 규모는 5.1이라고 알려졌다.

탕산시는 허베이성의 도시다. 허베이성은 베이징을 품고 있어서, 우리로 치면 경기도에 해당한다. 탕산시는 베이징에서 180km 떨어져있고, 톈진시에서는 130km 떨어진 곳이다. 서울에서 대전까지 140km 정도이니, 넓은 중국 땅에서는 얼마나 가까운 곳인지 짐작이 간다.

아닌 게 아니라 지진이 일어나자 베이징과 톈진에서도 강한 진동이 느껴졌다고 한다. 그런데 탕산의 지진이 처음은 아니었다. 탕산은 아무르판과 유라시아판의 경계에 자리 잡고 있어서 지진이 자주 일어난다고 한다.

중국 사람들은 큰 트라우마를 갖고 있다. 바로 1976년 7월

28일, 이곳에서 규모 7.8의 엄청난 지진이 일어났다. 2020년 지진 때는 다행히 인명피해가 없었지만, 40여 년 전 지진 때는 무려 24만 명이 넘는 사람이 사망하는 대참사가 벌어졌다. 100만이 넘는 탕산 인구의 4분의 1이 목숨을 잃었다.

하필 그해 9월에는 중국 지도자 마오쩌둥이 세상을 떠났다. 그래서 탕산대지진과 마오쩌둥의 죽음을 연결해서 미신처럼 생각하는 경우도 없지 않다. 그런가 하면 그해 1월에는 저우언라이 총리, 7월에는 중국 혁명의 1세대인 주더 장군이 사망하면서 1976년은 이래저래 중국에게는 우울한 해였다.

탕산의 지진 이야기는 2010년 중국의 펑샤오강 감독이 〈대지진〉이라는 영화로 만들기도 했다. 도시 전체가 무너져버린 폐허 속에서 아들과 딸 가운데 하나만을 살릴 수밖에 없는 어머니에게 주어진 가혹한 운명의 선택을 영화화했다. 아들을 선택한 어머니에게 남은 건 엄청난 트라우마뿐이었다. 하지만 세월이 흘러 딸 역시 다른 곳에서 건강하게 자라났다는 사실을 알게 된다. 딸도 역시 엄마에게 버림받았다는 상처를 안고 살아왔다. 그렇게 서로에 대한 상처와 죄책감을 안고 다시 만나게 되는 모녀의 이야기는 탕산대지진의 아픔을 잘 보여준다.

나, 장칭이야! 사인방의 몰락

1976년 10월 6일은 중국 현대사에 있어서 획기적인 일이 일어난 날이다. 사회주의 혁명을 주도한 마오쩌둥이 사망한 지 한 달쯤 되는 날이었다. 마오쩌둥은 세상을 떠났지만, 권력은 여전히 그를 도와 문화대혁명을 일으켰던 '사인방'이 쥐고 있었다.

마오쩌둥의 네 번째 부인이었던 장칭, 문화대혁명의 이론 기초를 만든 장춘차오, 상하이시의 노동자 조직을 대표했던 왕흥원, 〈해서의 파직〉이라는 연극을 비판하면서 문화대혁명을 촉발한 야오원위안, 이렇게 네 명이 사인방이라고 불렸다.

사인방은 중국 공산당을 장악하고 문화대혁명을 통해 극좌 정책으로 온 중국을 혼란으로 몰아넣었다. 이 사인방이 바로 1976년 10월 6일 체포됐다. 마오쩌둥의 후계자로 지목받았던 화궈펑 공산당 총서기는 중앙정치국 회의를 전격적으로 열어서 이날 오후 8시를 기해 사인방에 대한 '격리 심사'를 결정했다. 말은 '격리 심사'라고는 하지만 실제로는 체포였다. 회의 장소였던 화이런탕에서 장춘차오, 왕흥원, 야오원위안이 잇달아 체포됐다. 이들은 총서기가 소집한 회의에 참석하러 도착하는 순간 군부에 의해 포위된 채 끌려나갔다.

사인방이 이렇게 된 데에는 사실 이들이 군부 쿠데타를 계획하고 있었기 때문이다. 이 과정에서 수십만 명을 죽이고 정권을 찬탈하겠다는 계획까지 세워두었던 터였다. 마오쩌둥의 부인 장칭은 자신의 숙소였던 중난하이 완쯔랑에서 잠옷바람에 체포된다. 모두 무장해제된 상태에 있던 그들은 조금도 저항하지 못했다. 화귀펑은 군부대를 동원하여 중앙방송국, 베이징방송, 신화사 등 언론사를 장악했다. 언론사도 이미 사인방에 의해 좌지우지되고 있던 상황이었기 때문에 속전속결이 필요했다. 하마터면 유혈 충돌이 벌어질 뻔했다.

　당시 기록을 읽어보면 1분 1초가 손에 땀을 쥐는 드라마가 펼쳐졌다. 화귀펑 총서기는 2시간 뒤 중앙정치국 회의를 통해 사인방을 분쇄한다는 공식 결정을 내렸다. 이로써 10년을 이어온 문화대혁명이 공식적으로 막을 내렸다. 사회주의 중국의 역사가 큰 굽이를 돌아 새로운 전기가 마련된 사건이었다.

이름을 말할 수 없는, '그 사건'

1989년 일어난 천안문사건은 중국 현대사의 가장 큰 비극 가운데 하나다.

발단은 이랬다. 그해 4월 15일에 중국 공산당 서기장을 역임하고 공산당 중앙위원회 정치국 위원을 맡고 있던 후야오방이 세상을 떠났다. 후야오방은 2년 전 일어났던 학생들의 시위를 적극적으로 진압하지 않았다는 이유로 총서기직에서 물러났지만, 정치국 위원 자리만은 유지하고 있었다. 그는 정치국 회의에 참가하던 중에 심장마비를 일으켜 사망하고 말았다. 그의 죽음을 애도하기 위해 이틀 뒤부터 수백 명의 대학생이 천안문광장에 모여들어 시위를 시작했다. 후야오방 장례식을 계기로 시위는 전국으로 퍼져나갔다.

처음에는 학생들을 달래려고 했던 중국 당국은 시위가 점점 커지자 이를 '반혁명 폭란'이라고 규정한다. 학생과 청년, 시민들이 가세하기 시작했고, 단식 농성을 하는 사람들도 생겨났다. 시위는 한 달을 넘기면서 계속됐다.

그런데 5월 중순 당시 불편했던 중소 문제를 해결하기 위해서 소련의 지도자 고르바초프가 중국을 방문했다. 외국에서 손님이 오니 광장을 좀 비워주자는 온건론이 묵살되면서 중국 공산당은 망신을 당했다고 생각하기에 이르렀다. 이 때문에 계엄령이 발동됐다. 후야오방의 뒤를 이어 총서기를 맡고 있던 자오쯔양은 광장으로 학생들을 찾아와 "내가 너무 늦게 왔다. 어서 광장을 떠나라"라고 당부한다. 결국 그해 6월 3일 밤 장갑차와 탱크를 이끌고 중국인민해방군이 천안문광장으로 진주했다.

끝까지 광장을 지키던 학생들은 무력으로 진압당했다. 무고한 시민이 얼마나 희생당했는지 아직도 정확히 알 수가 없다. 여러 정보에 따르면 최소한 1만 명 이상이 사망하거나 부상한 걸로 추정된다.

사건이 벌어진 지 30년도 더 지났지만 중국 당국은 여전히 천안문광장에 관한 모든 정보를 숨긴 채 침묵으로 일관하고 있다. 심지어 천안문사건이라는 이름조차 쓸 수 없게 하고 있다. 공식적인 명칭을 '1980년대 말 봄과 여름 즈음에 일어난 정치풍파'라는 이상한 표현으로 쓰고 있을 정도다. 인터넷에서는 천안문사건, 6·4사건 같은 말을 아예 검색할 수도 없다. 이름은 물론 날짜마저 말할 수 없는 상황이다. 이에 저항하기 위해 '5월 35일'이라는 표현까지 등장했다.

중국에도 있었다, 노동교양소

서슬 퍼런 전두환 정권 시절 우리나라에는 '삼청교육대'라는 곳이 있었다. 사회악을 일소한다는 명목으로 군부대에 설치한 특별 기관으로, 이 시설에 불법적으로 국민을 잡아다가 강압적이고 무자비한 인권 탄압을 가했다.

이 이야기를 들을 때마다 얼마 전까지 중국에 있었던 '노동교양소'라는 곳이 떠오른다. '노동교양'이라고 하면 북한의 노동교화형이 생각나기도 할 텐데, 비슷한 제도다. 이 제도는 소련에서 시작됐지만, 세계에서 중국과 북한 이렇게 오직 두 나라만 유지하고 있었다.

중국의 노동교양소 또는 '노동교양관리소'라고 불리던 곳은 1957년부터 생겨났다. 범법자를 교육해서 개조하겠다는 명목으로 만들어졌다. 나름의 행정 근거를 가지고 시행됐다고 하지만 특수학교라는 인식이 강했다. 각 성과 자치구, 직할시마다 모두 이 노동교양소를 설치하고 있었다. 전국에 모두 359개소가 설치, 운영됐다고 한다. 법원의 판결에 의해 노동형을 선고받는 사람들이 이곳에 수용됐다. 물론 만 16살 미만이거나 정신질환이나 장애를 가진 경우, 임신했거나 출산한 지 1년이 안 된 경우, 말 그대로 노동교양이니까 노동을 할 수 없는 사람들은 데려가지 않았다.

말로는 생산 노동에 종사하게 해서 교화를 한다는 명목이지만, 끊임없는 인권탄압 시비가 일었다. 해마다 사고로 죽는 사람들도 적지 않았다. 자다가 죽고, 찬물에 입수하다 죽고, 다리가 걸려 넘어져 죽고, 화장실에서 볼일 보다 죽고, 세수하다 죽고, 물 마시다 죽고…. 누가 들어도 어이없는 죽음이 많았다.

이런 문제를 의식했는지 중국 당국도 2012년 말 일제히 노동교화소를 폐지하기 시작했다. 베이징시도 2013년에 노동교화소를 모두 폐지했다. 대신 '교정치료국'이라는 조직을 만들어서 관련 행정을 대신하고 있다. 비록 노동교양제도는 없어졌지만 비슷한 사고방식이 남아있는 셈이다.

세월호와 꼭 닮은 사건, 다순호 사고

적잖은 중국인들은 세월호 사고를 보면서 중국에서 일어난 또 다른 사고를 떠올렸다. 1999년 11월 24일이었다. '다순호'(大舜號)라는 여객선이 오후 3시경 산둥성 옌타이항을 떠나서 다롄으로 향했다. 승객과 승무원 304명, 자동차 61대를 싣고 있었다.

그런데 바다의 풍랑이 심상치 않았다. 3시 반, 선장은 뱃머리를 돌려 옌타이로 돌아가기로 했다. 선체가 심하게 흔들렸다. 차량은 제대로 고정하지 않은 탓에 이리저리 부딪혔다. 그 탓에 불꽃이 튀었다.

4시 21분, 선박에 화재가 발생했다. 긴급 구조 신호를 보냈다. 한 시간 뒤, 선체는 화염에 휩싸이고 말았다. 이런 긴급한 상황에서도 중국의 북해함대는 3시간 동안 헬리콥터 지원을 거부했다. 밤이 가까워오는 데다 급유도 문제라는 핑계를 댔다.

저녁 7시 반, 해군 구조대가 함정 5척을 파견해 구조를 명령했다. 그런데 어떤 함정은 발동기 문제로 움직이지도 못했다. 어떤 함정은 군항에 정박한 채 동력을 상실했다. 어떤 함정은 길을 잃고 암초에 부딪혔다. 어떤 함정은 파도에 흔들려 되돌아왔다. 구조정 한 대만 겨우 출동했다.

9시 반, 다순호가 순간 레이더에서 사라졌다. 구조정은 복귀 명령을 받았다. 10시 20분, 중국 교통부가 상황을 정리했다. 화재가 났을 뿐 침몰한 건 아니니 구조 작업을 계속해달라고 요청했다. 그러나 구조정은 100m 앞에 둔 다순호를 발견하지 못했다.

11시 38분, 다순호는 왼쪽으로 기울면서 완전히 침몰했다. 285명이 사망하고 5명이 실종된다. 어쩌면 이렇게 비슷할까! 다순호 사고는 중국 역사상 최악의 선박 사고였다.

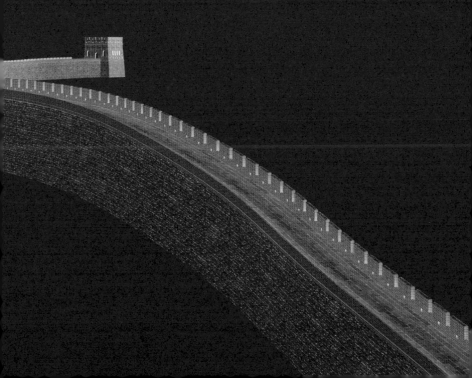

5

알다가도 모를
중국 정치

임금이 없어졌어요, 공화

우리나라 헌법 제1조는 이렇게 시작한다. "대한민국은 민주 공화국이다." 민주라는 말은 잘 알겠는데 공화국이라는 건 무슨 뜻일까? 그러고 보니 제5공화국, 제6공화국 이런 말도 많이 들어보긴 했는데? 헌법 1조는 익숙하지만, 정작 공화국이 무슨 의미냐 물으면 얼른 대답하기 어렵다.

사전을 찾아보면 공화국이란 "공화 정치를 하는 나라", "주권이 국민에게 있는 나라"로 나와 있다. 공화국은 영어로 '리퍼블릭'(republic)이다. 대한민국의 공식 영어 이름도 '리퍼블릭 오브 코리아'(Republic of Korea)다. '리퍼블릭'이라는 말은 원래 라틴어의 레스 푸블리카(Res Publica)에서 왔다. '공공의 것'이라는 뜻이다.

이 말이 영어 '리퍼블릭'으로 변하고 또 일본을 거쳐서 '공화국'으로 번역됐다. 메이지유신 전후 일본 학자들은 이 말을 어떻게 한자로 옮길까 고민했다. 그래서 공화국의 특징이 무엇이냐, 이걸 따져봤더니, 군주, 즉 임금이 없는 나라라는 것이었다. 일본 학자들은 중국의 고전에 혹시 '임금이 없는 나라'라는 뜻을 가진 말이 있는지 찾아보았다. 그러다 주나라 때 역사를 발견했다.

때는 기원전 842년 서주 시대의 일이었다. 서주의 열 번째 임금이었던 여왕(厲王)이 정치를 제대로 하지 못하자 백성들이 그를 쫓아내는 사건이 일어났다. 도망간 여왕의 자리를 대신할 임금이 필요했는데, 그렇다고 임금이 죽은 건 아니었기 때문에 새로운 임금을 세울 수는 없었다. 그래서 임금을 대신해서 소목공과 주 정공이 정치를 하게 됐는데, 이들이 공동으로 조화롭게 정치를 했다고 해서 '공화'(共和)라는 이름이 생겼다고 한다. 또는 '공'이라는 지역의 '화'라는 사람이 당시 국정을 담당했다고 해서 '공화'라고 불렀다는 설도 있다. 어쨌든 '공화시대', 그러니까 임금의 자리가 비어있는 시기는 14년 동안 계속되었다.

일본 학자들은 중국 역사에서 이렇게 임금이 없던 시절을 부르는 명칭을 찾아내서 '리퍼블릭'을 '공화국'으로 옮겼다. 그러니까 공화국은 일인 독재의 절대 통치를 거부하고 국민의 주권이 온전히 행사될 수 있는, 그런 나라를 말한다. 중국의 공식 국명 역시 '중화인민공화국'이다.

동지께서 기억이 안 나신답니다, 젠당제

7월 1일은 중국 공산당에게 큰 의미가 있는 날짜다. 바로 중국공산당의 창립 기념일이다. 당을 세웠다고 해서 건당절, 중국어로는 '젠당제'(建黨節)라고 부른다.

그러나 중국 공산당이 실제로 창립된 날, 그러니까 제1대 공산당대표대회가 열린 날은 7월 23일이다. 1921년의 그날, 상하이의 한 건물에 공산당 대표들이 비밀리에 모여들었다. 왜 비밀리에 모였을까? 당시 상하이는 미국, 영국, 프랑스의 조계지였다. 이들이 모인 곳은 프랑스 조계지에 있는 건물이었는데, 바깥에서는 공산당을 반대했던 프랑스 경찰의 삼엄한 감시가 이뤄지고 있었다. 지금 이 건물은 '공산당 1대 회의 터'라고 해서 기념관으로 꾸며져있다. 상하이의 명소 '신톈디' 입구에 있다. 우리 상하이임시정부 기념관과도 멀지 않은 곳이다.

비밀리에 회의를 진행하던 공산당 대표들에게 불길한 소식이 날아들었다. 프랑스 경찰이 급습할 계획이라는 것이었다. 이들은 부랴부랴 건물을 탈출했다. 하지만 회의가 다 끝나지도 않은 상태였다. 어떻게 할까 고민하던 끝에 더 안전한 장소를 찾기로 결정한 대표들은 상하이에서 멀지 않은 쟈싱으로 몸을 피한다. 쟈싱에는 이름난 호수, 난후가 있다. 이곳에 다시 모인 공산당 대표들은 호수에 배를 띄워놓고 창당대회를 마무리했다. 중국 공산당은 그렇게 태어났다.

실제 창당일은 7월 23일인데, 왜 7월 1일을 기념일로 삼는 걸까? 문제는 마오쩌둥에게 있었다. 마오쩌둥은 당시 창당대회에 참석했지만 그게 며칠인지 정확히 기억을 못 했다. 7월인 건 분명한데, 도대체 날짜를 몰랐다. 당을 만든 날짜를 기념은 해야겠는데 말이다. 17년이 지난 1938년, 마오쩌둥은 「지구전을 논함」이라는 글에서 이렇게 쓴다. "올해 7월 1일이 중국공산당 창립 17주년 기념일이다." 기억이 분명치 않으니 그냥 7월의 첫날을 기념일로 정한 것이다.

창당대회에 직접 참석한 사람이자 최고 지도자가 그렇다고 하는데 누가 거기다 토를 달 수 있었겠는가. 나중에 역사적으로 고증을 해보니 이날이 아니었다는 사실이 밝혀지기는 했지만, 그래도 중국 공산당은 마오쩌둥의 결정대로 창당 기념일을 지내고 있다.

문서기록의 권력, 서기

중국은 공산당의 나라이다. 우리는 선거를 통해 집권하면 행정부의 수반인 대통령을 정당이 배출한다. 하지만 중국은 공산당이 곧 국가다. 이를 '당-국가 체제'라고 부른다. 그래서 행정부보다 공산당이 먼저다.

시진핑(習近平) 국가주석은 여러 직책을 가지고 있다. 공산당 중앙위원회 총서기이기도 하다. 그중에서 더 중요한 직책이 무엇일까? 공산당 총서기가 더 중요하다. "당이 없으면 국가도 없기" 때문이다.

시진핑은 2012년 우선 공산당 총서기에 취임한 뒤, 2013년 국가주석에 선출되었다. 중국 공공기관에는 모두 공산당 서기 제도가 있다. 예를 들면 베이징시에는 시장만 있는 게 아니라 공산당이 임명하는 베이징시 서기가 따로 있다. 방송국, 은행, 대학 같은 공공기관에는 그 기관을 대표하는 사장이나 총장 말고 공산당 서기가 또 있다. 공산당이 곧 국가이기 때문에 사실상의 권한은 서기가 더 큰 경우가 많다.

서기는 원래 문서를 기록하는 일을 맡은 사람을 뜻한다. 가장 낮은 직급이었는데, 지도자가 '인민'을 위한 비서의 역할을 한다는 의미로 소련에서 처음 쓰기 시작했다. 관료주의를 내세우지 않겠다는 의미도 된다. 이 표현을 중국식으로 번역하여 중국 공산당에서도 도입한 것이다.

'서기'는 공산당 입장에서 한 기관을 대표하는 직위이니 매우 중요하다. 협상과 담판의 상대를 기관장보다 서기로 설정하면 잘 안 풀리던 일도 해결되는 경우가 많다. 중국 뉴스를 가만히 듣다 보면 시진핑의 직책을 총서기라고 먼저 말한다. 시진핑이 공산당 전체를 대표하는 총서기이자 제1서기이기 때문에 그렇다. 제1서기 다음에는 제2서기, 제3서기, 상무서기, 후보서기, 부서기 등이 줄줄이 이어진다.

시진핑, 시황제, 시링시우

요즘 중국에는 황제가 부활했다는 말들이 있다. 시진핑 국가주석이 황제 같은 권력을 행사하고 있기 때문이라고 한다. 시진핑 주석은 정말 황제가 되고 싶은 걸까? 황제는 역사 속으로 사라져버린 이름이니까 다시 가져와 쓸 수는 없을 것이다.

최근 보도에 따르면, 시진핑 주석이 '영수'라는 칭호를 받을 것이라는 소식이 있다. 시진핑 주석의 임기가 2023년이면 끝나게 되는데 그 뒤 '영수'로서 권력을 유지할 것이라는 얘기다. 하지만 시진핑 주석은 이미 '영수'로 불리고 있다. 지난 2017년 공산당 전국대표대회 당시 공산당과 군부, 정부 고위 인사들이 시진핑 주석을 향해서 앞다퉈 '영수'라고 불렀다. 이듬해 공산당 기관지 『인민일보』도 이 말을 사용했다.

'영수'는 중국어로 '링시우'(領袖)라고 한다. 우리 정치권에서도 '영수회담'처럼 가끔 쓰는 말이다. '영'은 원래 옷깃을 뜻하고, '수'는 소매를 뜻한다. 옷을 입다 보면 옷깃과 소매는 쉽게 닳기 쉽다. 그래서 옛날에는 이 부분을 특별히 좋은 옷감으로 만들었다. 지위가 높은 황제는 여기에 황금 장식을 달기도 했다. 그러다 보니 옷깃과 소매가 화려한 사람은 높은 사람이라는 의미가 됐다.

중국 현대사에서 '링시우'라는 칭호를 받은 사람은 마오쩌둥밖에 없다. 특히 문화대혁명 시절 마오쩌둥에 대해서 '위대한 영수'라는 말을 많이 썼다. 링시우는 그냥 지도자라는 말이 아니라 매우 유능한 지도자라는 뜻을 담고 있다. 나중에는 공산당 당장(黨章)에까지 들어갔다. 하지만 마오쩌둥 사후, 문화대혁명이라는 역사적 과오가 바로 이런 개인숭배 때문에 비롯됐다는 이유로 '링시우'란 단어를 쓰지 않게 되었다. 마오쩌둥 이후 지도자였던 덩샤오핑이 개인숭배를 금지하고 집단 지도체제를 만들기 위해서 애썼던 배경이기도 하다.

그랬던 영수, '링시우'가 다시 살아나고 있다. 시진핑 국가주석은 다시 그렇게 개인숭배의 정점에 올라가려고 하는 것일까?

여기나 저기나 2인자, 총리

'총리'라는 말은 청나라 때 쓰였던 '내각총리대신'이라는 말에서 비롯됐다. 우리나라 국무총리는 대통령의 지명을 받고 국회의 청문회와 의결 절차를 거쳐 임명하게 된다. 중국도 우리와 비슷하다. 중국 헌법에는 국가주석이 총리를 지명하고 전국인민대표대회에서 선출한다고 돼있다. 그러나 우리와 달리 임기가 정해져있다. 전국인민대표대회 위원의 임기가 5년인데, 그 2배를 넘지 못한다는 것이다. 그러니까 10년까지 총리를 할 수 있다.

리커창 총리는 2013년 3월에 취임했다. 전임 원자바오 총리는 2003년부터 2013년까지 꼭 10년을 했고, 그 전임 주룽지 총리는 1998년부터 2003년까지 5년 동안 직무를 수행했다.

우리나라는 정부를 대표하는 행정부의 수반이 대통령인데, 중국은 행정부의 수반이 바로 총리다. 중국의 행정부인 국무원이라는 조직을 맡아서 지휘, 관리하는 직책이기 때문이다. 그렇다면 시진핑 국가주석은 뭘까 하고 의문을 가질 수 있을 텐데,

국가주석은 말 그대로 국가를 대표한다.

중국의 경우 공산당이 행정부에 우선한다. 따라서 시진핑 공산당 총서기가 행정부를 아울러 국가주석을 겸하게 되고, 행정부는 총리가 수뇌가 된다. 그래서 우리 대통령이 정상회담을 할 때, 중국의 총리와도 회담을 한다.

중국에서 총리는 대체로 공산당 상무위원 역할도 겸하기 때문에 서열은 국가주석에 이어서 2위가 된다. 바로 만인지상, 일인지하의 자리다.

인민의 총리, 저우언라이

저우언라이(周恩來) 총리는 중국인이 가장 좋아하는 인물 가운데 하나다. 저우언라이는 1898년에 나서 1976년, 79세를 일기로 생을 마쳤다. 그는 중국인에게 "인민의 훌륭한 총리"라는 칭호를 받을 정도로 많은 사랑을 받았다.

저우언라이는 젊은 시절 파리를 비롯한 서양 여러 도시를 돌아다니며 새로운 문물과 사상을 접했고, 결국 공산주의를 선택하여 중국 혁명에 투신하게 된다. 중국 혁명이 성공한 뒤 총리와 외교부장을 겸직했다. 특히 사회주의 중국 초기에는 주변 국가와 국경 문제 때문에 갈등이 많았는데 이런 문제를 잘 마무리하는 탁월한 외교적 역량을 보여주기도 했다.

국경 분쟁을 해결하면서 특히 베이징오리구이를 많이 활용했다고 한다. 1960년에는 미얀마와 네팔 총리 일행을 연이어 접견하면서 베이징오리구이를 대접했다. 베트남 호치민 주석이 병치레를 하고 나서 베이징오리구이를 먹고 싶다고 하자, 먼 거리까지 운송하는 방법을 개발해서 보냈다는 일화도 남아있다. 1971년 핑퐁외교 당시 미국 특사 헨리 키신저에게도 베이징오리구이를 대접했다.

저우언라이는 영원한 2인자로서 살았다. 자신이 넘을 수 없는 선이 어딘지를 알았고, 그 선을 잘 지킨 인물이었다. 또한 인품도 너그러워서 어려운 사람을 많이 도왔다고 한다. 어쩌면 마오쩌둥 같은 철권 통치자 밑에 저우언라이 총리가 있었기 때문에 중국 현대사가 균형을 맞춰 온 것인지도 모르겠다.

저우언라이 총리가 세상을 떠나고 나자 중국은 다시 극좌파 천지가 된다. 저우언라이에 대한 격하 운동도 일어났다. 1976년 4월 청명절이 되자, 중국인들은 저우언라이를 추모하기 위해서 흰 꽃과 현수막을 앞세우고 천안문광장에 모여들었다. 이른바 제1차 천안문사건이 시작됐다. 덩샤오핑은 이 사건으로 실각했다. 그러나 그것은 문화대혁명 몰락의 서막이었다.

공짜는 아니다, 공산당비

공산당은 사회주의 중국의 영원한 집권 세력이다. 중국 공산당은 1921년 7월 23일 상하이에서 창립되었다. "노동계급의 선봉대로서 중국의 폭넓은 인민의 근본적인 이익을 대표해서 최종적으로는 공산주의를 실현한다"고 이유를 규정하고 있다.

중국 전국에 공산당원은 몇 명이나 될까? 2018년 12월 기준으로 9059만 4천명이다. 중국 인구의 약 15분의 1 정도가 공산당원인 셈이다. 그중 2466만 5천 명이 여성 당원으로 27%를 차지한다. 대학 졸업 이상의 학력을 가진 당원은 4493만 7천 명으로 49.6%, 약 절반을 차지하고 있다. 61세 이상의 당원이 2600만 명이나 되고, 30세 이하 당원은 1274만 명에 이른다.

중국에서 공산당원은 엘리트로 손꼽힌다. 만 18살 이상의 노동자, 농민, 군인, 지식인, 사회 리더 그룹에 속하는 사람이 신청을 할 수 있고, 허가를 받으면 당원이 될 수 있다. 당원이 된 다음에는 공산당의 강령과 활동 방침에 철저히 따라야만 한다.

당연히 당비도 내야 한다. 당비는 월급에 비례해서 납부한다. 예를 들면 월급이 3천 위안(우리 돈 54만 원 정도) 이하면 0.5%, 즉 최대 2700원 정도를 낸다. 월급이 올라갈수록 그 비율은 1%, 1.5%, 2%까지 높아진다.

월급이 1만 위안(우리 돈 180만 원 정도)이면 2%, 3만 6천 원 정도를 납부한다. 수입에 비례하는 규정이니 정확한 통계를 낼 수는 없지만, 대체로 공산당 전체 1년 당비가 100억 위안, 약 1조 8천억 원에 이른다는 통계가 있을 정도다.

어마어마한 금액인데, 이걸 다 어디다 쓸까? 중국 공산당은 관련 규정을 만들어서 사용처와 관리 방법을 정해놓고 있다. 당원을 교육하거나, 어려운 당원을 돕고, 설비와 자료를 구입하는 데 주로 사용한다고 한다.

공산당만 있는 건 아니지만, 인민정협

중국은 공산당이 통치하는 나라니까 정당은 하나밖에 없는 것 아닌가? 이렇게 생각할 수도 있겠지만, 사실 중국에도 공산당 말고 다른 정당들이 있다. 중국의 정당은 몇 개나 될까? 모두 8개 정당이 있다.

국민당혁명위원회, 민주촉진회, 중국민주동맹, 치공당, 농공당, 구삼학사, 대만민주자치동맹, 민주건국회가 그들이다. 이름이 생소한데, 그도 그럴 것이 이 정당들은 모두 1949년 이전에 창립되었다.

국민당과 공산당이 치열하게 내전을 벌이고 있을 때, 모두 공산당을 지지한 단체들이었다. 공산당에게는 큰 힘이 되어주었다. 또 정책적으로도 통일전선을 구축하려는 공산당의 방침에 딱 맞아떨어졌다.

정권을 잡은 공산당이 이런 단체를 나 몰라라 할 수는 없었다. 사회주의가 시작된 뒤 공산당은 이른바 '다당합작제도'를 만든다. 여러 당이 함께 협력하자는 제도였다. 그리고 이 8개 정당과 당적이 없는 무당파 인사를 묶어서 '민주당파'라고 불렀다.

민주당파는 다당합작제도를 통해 정기적으로 좌담회나 토론회를 열면서 중요한 정책이나 법규 제정, 국정 관리에 참여할 수 있게 되었다. 행정부나 사법기관의 장을 추천할 수도 있다.

하지만 다당합작제도에는 중요한 전제가 하나 깔려있다. 바로 언제나 "공산당의 지도에 따라서"라는 말이 붙어 다니는 것이다. 이렇듯 공산당과 민주당파의 관계는 대등하지 않고 종속관계로 이뤄져있다. 그러니 우리가 생각하는 다당제와는 큰 차이가 있다. 중국의 민주당파는 공산당을 보조하는 역할에 머무르고 있기 때문이다.

이들이 모여서 여는 회의가 바로 '인민정치협상회의'이다. 줄여서 '인민정협', '정협'이라 부른다. 회의는 해마다 매년 3월 초에 열린다. 중국의 3월은 정치의 달이다. 전국인민대표대회와 정협이 같이 열리기 때문이다. 두 회의를 합해 '양회'라고 한다.

인민정치협상회의는 1946년에 시작됐다. 전체 대표는 2158명이다. 대표는 공산당과 조직이 추천해서 결정된다. 직능별 대표도 있다. 회의는 경제, 농업, 인구, 환경, 과학, 교육, 사회, 민족, 종교, 외무, 문화 등 전문 분야로 나눠서 토론을 펼친다. 매우 독특한 조직인데, 굳이 우리식으로 말하자면 국정 자문기구, 또는 사회적 대타협기구 정도라고 할 수 있다.

중국 정치를 움직이는 세 세력, 태자당, 상하이방, 공청단

중국의 정치를 말할 때, 빼놓을 수 없는 영역이 바로 어느 집단 출신인가 하는 문제다. 중국 정치를 이끌어가는 세력은 크게 셋이 있다. 이들은 대를 이어서 주요 정치인을 배출하고 있기 때문에 정치의 신세대 그룹을 관찰할 때도 유효한 프레임이 된다.

중국 정치는 태자당, 상하이방, 공청단이라는 세 그룹이 권력을 분점하고 있다. 태자당의 '태자'는 말 그대로 황제의 아들을 뜻한다. 중국 정치에서는 고위층 혁명 원로의 자녀들 혹은 방계 친척을 가리킨다. 부모의 후광을 입고 태어난 사람들이다. 태자당은 4천 명 정도가 중국 공산당과 정부의 요직을 차지하고 있다고 한다. 시진핑 주석의 아버지 시중쉰도 부총리를 지냈기 때문에 태자당으로 분류된다.

상하이방은 장쩌민 전 국가주석을 중심으로 한 세력이다. 장쩌민 주석은 1989년 천안문사건이 유혈 진압된 뒤 덩샤오핑의 후계자로 낙점되었다. 장쩌민은 상하이시 당서기를 지냈던 인물이다. 장쩌민이 주석이 되자 상하이 시절 동료들이 대거 발탁되면서 중요한 세력을 형성했다. 그래서 이들을 상하이방이라고 부른다.

공청단은 '중국공산주의청년단'의 준말로, 14세부터 28세 청년을 교육하고 선전하는 조직이다. 여기서 교육을 받고 자라난 청년들이 현실 정치에 뛰어들면서 자연스럽게 세력을 형성해 왔다. 후진타오 전 국가주석이 대표적인 인물이다.

덩샤오핑 이후에 중국의 최고 권력은 상하이방 장쩌민, 공청단 후진타오, 태자당 시진핑이 번갈아가며 맡아왔다. 덩샤오핑은 어느 한 세력이 계속 권력을 장악하지 못하도록 장쩌민의 후계자로 후진타오를 직접 지명하기도 했다. 그러나 이런 보이지 않는 법칙이 시진핑 주석 이후에도 계속될지는 장담할 수 없다.

중국 인구만큼 국회의원도 많을까? 전인대

우리나라 국회의원은 모두 300명이다. 중국 국회의원은 얼마나 될까? 2980명이 정답이다. 무척 많은 편이다. 사실 중국에는 '국회', '국회의원'이라는 표현은 없다. 대신 '전국인민대표대회'(全國人民代表大會), 줄여서 '전인대'라는 국가 조직이 있다. 그리고 그 '대표'라는 직책이 우리 국회의원에 해당한다.

2980명이니까 어림잡아 우리보다 10배쯤 많지만, 인구 비례를 따져 보면 꼭 그렇지도 않다. 우리나라 인구가 5200만 명 정도니까 국회의원은 17만 명쯤에 1명인 꼴인데, 중국 인구를 14억 명 정도로 추산하면 어림잡아 47만 명에 1명꼴이 된다.

2980명은 중국의 성, 직할시, 자치구, 홍콩, 마카오 특별행정구에서 간접선거로 선출된 지역 대표와 소수민족 대표 등으로 채워진다. 지역 대표 중 가장 많은 숫자는 산둥성 대표로 162명이다.

대만 대표도 있다. 모두 13명이다. 대만을 통일해야 한다는 생각이 반영된 것이다. 대표 중 가장 많은 수를 차지하는 건 군인이다. 인민해방군 대표가 256명이나 된다. 군인이 많은 까닭은 전인대가 1947년 중국 공산당이 국민당과 내전을 치르던 시절 그 구상이 시작된 데다 중국 혁명을 성공으로 이끈 중요한 집단이기 때문이다.

전인대의 1대 대표 회의는 1954년에 시작됐다. 임기는 5년이다. 지금은 13대째인데 2018년 3월에 시작해서 2023년 3월에 임기가 끝난다. 전인대는 해마다 3월 초에 열흘 정도 전체 회의를 연다.

전인대는 입법권은 물론이고, 우리 국회와는 달리 일부 사법권과 행정권도 가지고 있다. 예를 들면 헌법이나 법률에 대해 해석할 수 있는 권한이 있다. 행정부의 국가주석, 부주석, 장관, 위원장, 대사, 인민법원장, 검찰원장 등을 선출하고 결정하는 권리도 가지고 있다.

우리 국회처럼 법률, 경제, 교육, 과학, 문화, 보건, 외무, 환경, 농업, 민족, 화교 등 국정 각 분야를 망라하는 위원회가 활동을 한다.

전국인민대표는 간접선거로 선출된다. 선거권자는 누구일까? 성, 자치구, 직할시마다 또 인민대표가 있다. 아래 단위의 인민대표가 윗단위 인민대표를 뽑는 방식이다. 군인 대표는 당연히 군대 안에서 선출된다. 대만 대표는 대륙에 살고 있는 대만 출신 사람들이 모여서 뽑는다.

떨어뜨리기 위해 투표한다, 차액선거

선거의 4대 원칙은 보통, 평등, 직접, 비밀 선거다. 누구나 선거할 수 있고, 한 사람이 찍을 수 있는 표의 수가 똑같고, 선거권자가 직접, 그리고 누굴 찍었는지 모르게 해야 한다는 원칙이다. 이런 원칙이 무너지면 그 선거는 무효가 될 수밖에 없다.

중국에는 이런 원칙 말고 특이한 방식을 선거에 적용하기도 한다. 우선 '등액선거'가 있다. '등'은 '같다'는 뜻이고 '액'은 '필요한 인원수'라는 뜻이다. '등액선거'는 후보자 수와 선출되는 인원수가 같다. 후보자 수와 선출자 수가 같으면 어떻게 선거를 할까? 이런 경우 찬성, 반대만을 적어서 내게 된다. 정확히는 찬성, 반대, 기권을 할 수 있다. 우리의 국회에 해당하는 전국인민대표대회에서 국가주석을 뽑을 때 바로 이런 방식을 쓴다. 후보자는 1명이고, 찬성, 반대, 기권만을 선택할 수 있다. 찬성률이 압도적으로 높은 건 뻔한 일이다.

'차액선거'도 있다. 뽑으려는 인원수와 후보자 수의 차이가 나는 방식이다. 우리가 보통 생각하는 선거에 그나마 가까운 방식이다. 중국에서는 등액선거가 워낙 많이 쓰이기 때문에 차액선거는 제한적으로 활용하고 있다.

전국인민대표대회 대표는 3천 명 가까이나 돼서 통상적인 업무는 상무위원회를 구성하여 처리하도록 한다. 바로 이 상무위원회의 위원을 뽑을 때, 차액선거 원칙이 적용된다. 공산당 중앙위원을 뽑을 때도 차액선거 방식을 활용한다. 탈락하는 순서는 당연히 득표 차이에 따른다.

누구나 나서서 그중 한두 명을 뽑는 방식이 아니라 맘에 들지 않는 후보를 떨궈내는 방식이라 우리의 선거와 완전히 같지는 않다. 최선을 뽑는 게 아니라, 최악을 뽑지 않는 방식이라고 할 수 있다.

이장만은 직선제로, 촌민자치제

중국에는 직접선거가 없을까? 중국에도 직선제가 있기는 있다. 경제가 성장하고 사회가 발전하면서 지도자를 직접 뽑겠다는 요구가 점점 커진 탓이다. 하지만 직접선거로 뽑히는 지도자는 제한적이다.

중국은 우리나라 시, 군, 구에 해당하는 행정구역을 '현'이라고 부른다. 이곳의 인민대표, 또는 읍, 면, 동에 해당하는 '향'이나 '진'의 장, 우리나라 리에 해당하는 '촌'의 촌민위원회 담당자를 직선제로 선출한다. 직선제라고 해도 선거결과가 거의 만장일치로 끝나 버리는 경우가 많아 그렇게 흥미진진하지는 않다. 그나마 촌민위원회 선거가 가장 활발하다. 우리나라로 치면 이장 선거가 되는 셈이다.

촌민위원회 선거는 이른바 '촌민자치제도'가 있기에 가능했다. 이 제도는 1980년으로 거슬러 올라간다. 개혁개방과 시장경제가 시작되면서 당시 광시좡족자치구 일부에서 직접 마을을 관리하는 조직인 촌민위원회를 만들었다. 덩샤오핑은 이런 조직이 시대적 흐름에 맞다고 생각했다. 그리고는 전국적으로 시행하도록 했다.

촌민위원회 선거는 18세 이상이면 선거권을 갖는다. 직접선거를 통해 촌민위원회 주임과 위원을 뽑게 된다. 임기는 3년이고 연임할 수 있다. 우리나라에는 없는 소환 제도도 있다. 촌민 5분의 1 이상, 또는 촌민 대표 3분의 1 이상이 파면을 요청하고 촌민회의에서 과반이 찬성하면 파면된다.

하지만 부작용도 만만치 않다. 중국 농촌에는 같은 성씨가 모여 사는 집성촌이 많다. 선거 과정에서 같은 집안사람끼리 표를 매수하거나 혈연관계를 이용하여 표를 얻는 경우가 많을 수밖에 없다. 어딜 가나 권력은 부패하기 쉽다.

영화화된 부정부패 살인사건, 천주정

따하이라는 이름을 가진 중년 사내가 있다. 중국 산시성 탄광촌에서 나고 자란 사람이다. 어느 날 그가 엽총을 꺼내 마을 사람과 촌장을 쏴 죽인다.

〈천주정〉(天注定), '하늘이 정해놓은 이치'라는 제목의 영화 이야기다. 지아장커라는 유명한 감독이 만든 이 영화는 2014년 개봉해서 화제를 모았다. 중국 사회에서 일어나는 네 가지 범죄 이야기를 옴니버스 형식으로 꾸민 작품이다.

그중 따하이 이야기가 첫 번째다. 이 이야기는 실화를 바탕으로 했다. 2001년 산시성에서 일어난 살인사건으로, 촌민위원회와 촌장의 횡령 사건을 폭로하려던 후원하이라는 사람이 주인공이다. 촌장의 부정부패를 나 몰라라 할 수 없던 그는 계속 문제를 제기했다. 그러나 돌아온 건 마을 사람들의 조롱과 촌장의 사주에 따른 폭력뿐이었다. 후원하이는 촌장을 포함해서 모두 14명을 총으로 쏴 죽이고 만다. 물론 그 또한 사형 판결을 받았다.

어떤 선거라도 늘 일어날 수 있는 매표, 매수, 혈연, 지연, 학연에 따른 표 몰아주기 등이 중국에서도 원천적으로 차단되지 않으니, 선거가 끝나고 나면 신세진 사람에게 뭔가 보답을 해야 하는 상황이 벌어지곤 한다. 그래서 촌민위원회의 위원장과 위원은 부정부패 사건에 휘말리는 경우가 적지 않다. 특히 촌민위원회는 마을이 공동으로 소유하는 토지를 잘 관리해야 할 책무가 있음에도 불구하고, 마음대로 팔아넘겨 이득을 가로채는 경우도 많다. 이른바 중국식 풀뿌리 민주 제도라고 불리는 촌민자치제도가 머쓱해지는 상황이다.

높은 자리에 올라가기 위해서 필요한 것, 헌법선서

우리나라 사람이라면 누구나 "나는 자랑스러운 태극기 앞에"로 시작하는 국기에 대한 맹세를 잘 알고 있다. 중국에도 이런 맹세가 있을까?

중국에는 국기에 대한 맹세는 없지만 대신 중요한 선서가 있다. 공산당원이 되려면 반드시 손을 들고 맹세해야 한다.

"나는 중국공산당에 자원하여 가입함에 있어 당의 강령을 보호하고 당의 장정을 준수하며, 당원의 의무를 이행하고 당의 결정을 집행하며, 당의 기율을 엄수하고 당의 비밀을 보호하며, 당에 충성하여 적극적으로 일하고 공산주의를 위해 종신토록 노력할 것인바, 언제든 당과 인민을 위해 모든 것을 희생할 준비를 하고, 영원히 당을 배반하지 않을 것이다."

공산당에 대한 당원의 충성을 적나라하게 드러낸 표현들이다. 희생, 배반 같은 단어가 자극적으로 다가온다. 중국공산주의청년단이 될 때도 비슷한 선서를 한다.

우리나라 대통령은 취임할 때 선서를 한다. "나는 헌법을 준수하고"로 시작하는 선서다. 중국에도 비슷하게 취임할 때 헌법선서를 하는 제도가 있다.

"나는 중화인민공화국에 충성하여 헌법의 권위를 보호하고 법이 정한 직책을 이행하며 조국에 충성하고 인민에 충성하며 직분을 다해 청렴하게 멸사봉공하며 인민의 감독을 받고 부강, 민주, 문명, 조화로운 사회주의 국가를 건설하기 위해 노력할 것을 선서한다."

위 선서문은 중국 한자로 모두 70글자이다. 현행 선서문이 통과된 것은 2016년의 일이다. 그전에 있었던 선서를 조금 고친 것인데, 우리의 국회 격인 전국인민대표대회에서 이 선서를 제정해서 사용하고 있다. 중국에서는 국가주석뿐 아니라 부주석, 전국인민대표대회 상임위원회 위원장, 부위원장, 위원, 국무원 총리, 부총리, 각부 장관, 중국인민은행장, 군사위원회 주석, 부주석, 최고인민법원장, 최고인민검찰원 검찰장 등이 모두 이 선서를 해야 한다.

우리나라도 취임선서를 하는 직위를 더 늘려보면 공복으로서의 자세가 좀 달라질 수 있지 않을까?

12단어로 설명하는 사회주의, 사회주의핵심가치관

중국은 구호의 나라라고 해도 과언이 아니다. 특히 사회주의 중국에서 구호는 매우 중요한 역할을 했다. 공산당은 자신이 내세우고 싶은 이념을 구호로 만들어서 선전하는 방법을 자주 사용해 왔다.

중일전쟁이 한창이던 1943년에는 "중국 공산당이 없으면, 새로운 중국도 없다"라는 구호를 내세웠다. 문화대혁명이 끝난 뒤에는 "실천은 진리를 검증하는 유일한 기준"이라는 구호가 크게 유행했다. 개혁개방에 들어선 뒤에는 "가난은 사회주의가 아니다"라거나 "발전이야말로 확실한 도리" 같은 구호가 유행했다.

이런 구호들은 도시며 농촌 곳곳에 다양한 형식으로 걸려있다. 요즘 중국에는 새로운 구호가 한창 유행하고 있다. 바로 '사회주의 핵심가치관'이다. 시진핑 주석이 공산당 총서기로 취임한 2012년부터 지금의 틀을 갖췄다. 거리 곳곳에 간판과 게시물 형태로 붙어있어서 눈만 돌리면 찾아볼 수 있을 정도다. 말그대로 시진핑 시대에 중국 국민을 이념으로 무장시키려는 '핵심 사상'이 되었다.

그 내용은 모두 24글자, 12개 단어로 이뤄져있다. 우리말로 풀면 부강, 민주, 문명, 조화, 자유, 평등, 공정, 법치, 애국, 경업, 신의, 친절, 이것들이 바로 사회주의 핵심 가치관이다. 여기서 '경업'만은 한 단어로 풀기가 좀 어려운데, "자기 직업에 대한 헌신"이라는 뜻이다.

12개 단어 모두 뭐 하나 나무랄 데 없이 필요한 것들이다. 물론 그걸 어떻게 해석하느냐는 다른 문제다. 부강이라는 단어가 제일 먼저 자리를 차지하고 있다는 사실이 눈에 띈다. "사회주의는 가난한 게 아니다"라는 옛날 구호의 연장선이긴 하지만, 중국은 얼마나 더 부강해지려고 하는 걸까? 시진핑 주석은 틈만 나면 이 12개 가치를 잘 지켜야 한다고 목소리를 높이고 있다.

새로움도 유행을 탄다는데, 新

　새롭다는 말은 언제나 마음을 설레게 한다. 중국에서는 최근 새롭다는 뜻을 가진 '신'(新) 자가 크게 유행하는 중이다. 지난 2017년부터다. 시진핑 총서기가 중국공산당 19차 전국대표대회에서 "중국 특색의 사회주의가 새로운 시대에 들어섰다"라고 말한 게 시작이었다. 이때부터 중국 사람들은 신시대를 비롯하여 신사상, 신과학, 신교육, 신이론 등 할 것 없이, 웬만한 것이면 모두 '신' 자를 붙이기 시작했다.

　한자 '신'자를 뜯어보면, 왼쪽 위에는 '매울 신'(辛) 자가 있다. 이 부분은 글자의 발음을 맡는다. 그 밑에는 '나무 목'(木) 자가 있고 오른쪽에는 '도끼 근'(斤) 자가 자리 잡고 있다. 곧 중국어에서 새롭다고 함은 도끼로 나무를 벤다는 뜻이다. 나무는 전통 사회에서 가장 중요한 도구이자 재료다. 무언가 새로운 일을 시작한다고 할 때, 옛 중국인들은 맨 먼저 나무를 베는 일을 떠올렸던 것이다.

　중국 현대사를 돌아보면, 1919년부터 대대적으로 신문화운동을 펼쳤고, 1949년에는 '신중국'을 세웠고, 문화대혁명이 끝난 1978년에는 '신시기'가 왔다고 규정했다. 그리고 지금은 신시대라는 말이 대대적으로 유행하고 있다. 중국은 대체로 30년에 한 번씩 이 '신' 자를 써서 상황을 타개하려는 모양이다.

신문화, 신중국, 신시기로 만족할 수 없는 역사의 흐름 속에서 새롭다는 말인 '신' 자를 대신할 더 훌륭한 글자를 찾기 어렵기 때문인지도 모르겠다. 그만큼 '신'이라는 글자는 언제 보아도 '새로운' 글자가 된다. 중국은 이번에 어떤 나무를 베러 가려는 걸까.

죄송합니다. 그런 선수는 존재하지 않습니다, 하오하이둥

한국에 차범근이 있다면 중국에는 하오하이둥(郝海東)이 있다. 중국 축구의 수준을 한 단계 끌어올렸다고 평가받는 선수이다. 국가 대표선수로 활약하면서 역대 최다 골을 기록한 선수이기도 하다. 그는 공한증에 시달리던 중국 축구에 희망을 심어주기도 했다.

그는 지난 1990년 이탈리아월드컵 예선전에서 한국팀에 3대 0으로 지고 있다가 한 골을 만회한 걸 시작으로 한국전에서 여러 골을 넣었다. 2003년 한중일 세 나라가 모여 경기를 치렀던 A3챔피언스컵대회에서 하오하이둥이 해트트릭을 기록하면서, 소속팀이었던 다롄 스더는 성남 일화 팀을 제치고 준우승을 차지했다. 그해 열린 AFC챔피언스리그에서도 하오하이둥은 성남을 3대 1로 물리치는데 이바지했다. 그 대회에서 혼자 아홉 골을 기록하면서 득점왕으로 뽑혔다.

이런 선수이니 중국인들이 너무나 좋아했다. 중국 정부도 자랑스러워하는 인물이었다. 그런데 최근 이 선수의 이름이 싹 사라져버렸다. 인터넷에서도 마치 존재하지 않는 사람처럼 그의 이름을 찾을 수 없게 되었다. 중국 최대 포털사이트인 바이두에 하오하이둥을 검색하면 "죄송합니다. 관련 페이지를 찾을 수 없습니다"라는 공지만 덩그렇게 떠오른다.

사건은 2020년 6월 4일, 천안문사건 31주년 기념일로 거슬러 올라간다. 스페인에 거주하고 있던 하오하이둥이 20분짜리 동영상을 인터넷에 올려서 "중국 공산당이 멸망해야 한다"고 주장했던 것이다.

"중국 공산당은 국제조직의 후원을 받아 합법적인 정부를 전복한 세력"이고 "민주주의를 짓밟고 법치를 위반하는 테러조직"이라고도 말했다. 그러면서 인민의 투표에 의한 '신중국연방'을 건국해야 한다고 주장했다. 이를 위해 히말라야감독기구를 먼저 설립해야 한다고도 했다.

그의 선언은 꽤 구체적인 내용으로 이뤄져있었다. 중국이 발칵 뒤집혔다. 중국판 트위터인 웨이보에서 그의 팔로워는 800만 명이나 됐다. 중국 당국은 그 계정을 완전히 삭제해버렸다. 그리고 실시간 검색을 중단했다. 하오하이둥의 아들은 하오룬쩌 역시 축구 선수다. 실력이 좋아 세르비아 프로축구팀에서 활동하고 있었다. 그런데 아버지의 동영상이 발표되고 이튿날 바로 구단에서 쫓겨났다. 하오하이둥과 하오룬쩌의 운명이 어떻게 될지 자못 걱정된다.

코로나를 키운 원인, 관료주의

중국 공산당과 국무원 관련 부처인 국가위생건강위원회는 코로나 19를 잡기 위해 전력을 다했다. 그러나 코로나 사태가 이렇게 커진 데는 공산당의 시스템이 있다며 비판하는 목소리도 만만치 않았다.

시진핑 총서기가 취임 이후 구축한 강력한 1인 체제로 인해 공산당 안에 상명하복, 복지부동의 분위기가 만연하고, 실무자들로부터 제때 보고나 건의가 올라오지 않는다는 것이다. 이러면 일처리가 안 된다. 코로나 문제에 적극적인 대응이 나오기 시작한 것도 2019년 초 시진핑 총서기의 지시 발표가 있고 나서였다.

하지만 이런 분위기는 시진핑 시대만의 특징은 아니다. 중국 공산당에 만연해있는 상명하복 문화는 수십 년의 전통을 가지고 있다. 괜히 말 한마디 잘못했다가 자리는 물론 목숨도 온전히 보전하지 못했던 사례를 역사에서 많이 보아왔기 때문이다.

이런 상황은 공산당을 넘어서서 중국 문화와 중국인의 관습과도 직결돼있다. 코로나 19 사태를 비판하면서 자주 등장하는 말들이 있다. "대사화소, 소사화료"(大事化小, 小事化了). 큰일은 작게 만들고, 작은 일은 없는 것처럼 하라는 속담이다. 일을 자꾸 키워서 말썽 일으키지 말고 조용히 조용히, 잘 깔고 뭉개보라는 뜻이다.

"보희불보우"(報喜不報優). 즐거운 일은 알리고, 걱정거리는 알리지 않는다는 말 역시 중국에서 자주 쓰이는 속담 중 하나다. 이때 알린다는 말은 주변 사람들에게도 해당되지만, 조직 내 윗사람도 당연히 그 범위에 들어간다. 걱정거리가 생겼는데, 윗사람이 알게 되면 그 걱정이 더하게 될 테니 알리지 말라는 의미다.

중국 문화의 오랜 전통을 이어온 이런 표현들은 중국인의 의식을 잘 보여준다. 우리는 조직 생활을 하면서 초기 보고, 중간 보고, 결과 보고 등 보고를 잘해야 한다는 지시를 곧잘 받곤한다. 근심은 나누면 절반이 된다고 했으니, 어려운 일도 서로 잘 알릴 필요가 있다.

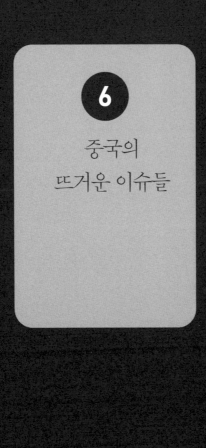

6

중국의
뜨거운 이슈들

중국 인구도 경제도 역주행? 야간 조명

최근 중국 경제 성장이 둔화되고 있다는 건 공공연한 사실이다. 중국 경제는 대략 10년 전만 해도 잘나갔다. 2011년 경제 성장률 전망은 9.4%였고, 2012년에도 8%를 유지하겠다고 했다. 8%를 지키자는 말을 중국어로는 '바오빠'(保八)로 표현했다. 물론 그 선은 점차 무너졌다. 7%를 지키자는 '바오치'(保七)도 무너지고 최근에는 6%를 지키자는 '바오리우'(保六)까지 언급됐다.

중국 경제가 나빠진다는 사실이 또 다른 조사로 발표된 적이 있다. 밤에 도시의 불빛을 살펴봤다는 것이다. 중국 칭화대 연구팀이 전국 도시에서 나오는 3300개나 되는 야간 조명의 밝기를 몇 년 동안 추적 조사했다.

2012년까지는 계속 밝아지던 조명이 2013년부터 약해지기 시작했다. 모두 938개 도시의 조명이 어두워졌다. 조사 대상 도시의 3분의 1쯤 되는 숫자였다. 야간 조명 밝기를 표시해서 어느 지역이 경제 활동이 활발한가를 표시해주는 지도가 있다. 예를 들면 한반도 남쪽은 밝은데 북쪽은 아주 어둡다.

중국도 이런 조사를 바탕으로 많은 중소 규모 도시 경제가 마이너스 성장을 하고 있고, 인구도 줄어들고 있다고 판단한다. 물론 정확한 분석을 위해서는 다양한 경제 지표를 두루 살펴보기는 해야겠지만, 중국 경제가 예전만 못한 것은 분명해 보이다.

이런 조사가 중국 전체 인구가 감소하고 있다는 사실을 의미하지는 않는다. 하지만 성장세는 둔화되는 것은 확실하다. 중국 인구는 1995년 2월 15일 공식적으로 12억을 넘어서서 이날을 '12억 인구의 날'이라고 부르고, 2005년 1월 6일 13억을 넘어 '13억 인구의 날'이라고 부른다. 1억 명이 느는 데 10년이 걸린 셈이다. 하지만 지금까지 공식적으로 14억 인구를 선포하지는 않고 있다.

먹구름이 끼고 천둥이 칠 예감, 부동산 시장

부동산 시장은 말도 많고 탈도 많다. 늘 온탕과 냉탕을 오가는 기분이다. 중국도 부동산 문제가 점점 심각해지고 있다. 사실 중국은 사회주의 혁명이 성공한 뒤에 완전한 계획경제 체제를 취했기 때문에 땅도 건물도 모두 나라 것이었다. 그러다가 1978년 개혁개방이 시작되면서 나라가 부동산을 모두 가지고 있는 게 효율적이지 않다는 판단을 하기에 이른다.

그 뒤 시장에서 부동산을 거래할 수 있는 조치를 시행하게
됐다. 하지만 땅은 여전히 나라가 소유하는 것이고 그 사용권만
거래할 수 있도록 했다. 그동안 나라에서 분배해주던 집을 개인
이 직접 사야 하는 시대가 도래했다. 1998년 이후의 일이다.

거래를 할 수 있는 부동산 가격이 시장 원리에 의해 형성되
자 아파트 가격이 폭등했다. 특히 대도시 아파트는 몇 년 만에
수십 배가 오르기도 했다. 경제가 성장하고 소득이 증가하면서
집과 건물을 사는 일이 자연스러워졌지만, 부동산 시장의 과열
은 경제를 불안하게 만드는 요소로 자리 잡기도 했다.

투기 성격의 자금이 부동산에 유입되면서 경제 불안을 키우
자 2000년대 중반부터 다양한 부동산 과열 억제 정책을 펴기도
했다. 투기성 매매를 제한한다든가 양도소득을 과세한다든가
하는 정책이다. 이런 정책에 따라서 부동산 거래량이나 가격이
등락을 거듭했다.

최근에는 중국 부동산이 위험 신호를 보내고 있다. 거래 자
체를 장려하지 않는 분위기가 많이 감지되고 있다. 중국의 가계
주택 대출이 5천조 원에 이른다는 통계도 있다. 심지어는 일본
처럼 거품이 꺼질 때가 왔다는 전망도 많다. 빚내서 집 산 사람
들이 빚을 갚지 못하는 깡통 사태가 벌어질 수도 있다는 비관
적인 전망도 나오고 있다.

중국에서도 통지서는 찾아온다, 양도소득세

부동산 정책은 전체 경제의 흐름과 밀접한 연관이 있다. 어느 정부든 경제 상황을 보고 통제와 완화 정책을 오갈 수밖에 없다. 중국도 예외는 아니다. 사실 중국은 사회주의 국가이기 때문에 "요람에서 무덤까지"라는 유명한 말처럼 사람이 태어나서 사는 동안 의식주를 모두 국가가 책임져줬다.

학교를 마치면 직업도 지정해주고, 또 살 곳도 마련해줬다. 무상으로 주택을 분배하거나 돈을 받더라도 아주 적은 금액만 내면 되었다. 그러다 1978년 개혁개방, 시장경제가 시작됐고, 그로부터 20년 뒤, 중국 정부는 이런 부동산 무상 분배 정책을 공식적으로 포기하고 주택을 매매할 수 있도록 했다.

중국에서 집을 사고팔면 세금은 얼마나 낼까? 우리는 부동산 관련 세금이 거래세와 보유세, 이렇게 두 종류로 나뉜다. 중국도 마찬가지다. 거래할 때 내는 취득세와 양도세가 있고 보유세가 있다. 부동산을 사게 되면 취득세와 인지세를 낸다. 취득세는 보통 3~5%, 인지세는 0.05%다.

보유하고 있는 동안에는 우리의 재산세에 해당하는 '방산세'와 토지사용세를 낸다. 부동산을 팔 때는 모두 여섯 종류의 세금을 내야 한다. 영업세, 개인소득세, 토지에 대한 양도소득세, 인지세, 도시유지건설세, 교육비 부가세이다.

이 중 영업세는 양도 차익의 5%이고, 개인소득세는 20%나 된다. 물론 비용은 공제해주고, 보유 기간이나 소유주택 수에 따라서 면제가 되기도 한다. 2년을 보유한 1주택자일 경우, 두 가지 세금이 모두 면제된다.

도대체 이 돈으로 어떻게 살까, 월급

나라마다 사생활을 묻는 범위는 좀 다르다. 우리는 상대의 나이나 직업, 고향 등을 묻는 일이 매우 자연스럽지만, 서양 사람들은 이런 질문이 매우 실례라고 생각한다. 다른 사람의 월급이 얼마냐고 묻는 건 어떨까? 저마다 기준은 다르겠지만 우리로서는 조심하게 되는 질문이 아닐 수 없다.

중국은 좀 달랐다. 한동안 중국인을 만나다 보면 "한 달에 얼마 버나요?"라는 질문을 가끔 듣곤 했다. 사회주의 국가였던 탓에 너나 나나 월급이 얼마 차이 안 나는 상황이었다가 개혁 개방으로 돈을 벌기 시작하면서 다른 사람의 수입이 궁금해진 사회상을 반영한 현상이었다. 물론 요새는 빈부 차이가 생겨나면서 이런 질문도 점차 줄어들고 있다.

중국에서는 대학을 졸업하면 초봉이 얼마나 될까? 3~4년 전 기준으로 중국 대졸자의 평균 월급은 4317위안, 우리 돈으로 약 73만 원 정도 한다는 조사가 있다. 평균이니까 많이 버는 사람은 더 벌고 적게 버는 사람은 이보다 더 적을 것이다.

가장 수입이 많은 직종은 소프트웨어 개발 분야다. 6252위안, 약 105만 원 정도다. 항공 서비스 분야가 6154위안, 약 103만 원으로 2위를 차지했다. 앞으로 월급이 많이 오를 것 같은 직종도 대부분 IT 업종이 차지하고 있다. 소프트웨어, 컴퓨터 시스템, 통신 설비와 운영 같은 분야다.

베이징에서 싸다 하는 집값이 평당 10만 위안 정도, 우리 돈 1600만 원쯤이니 30평짜리 집을 사려면 중국 대졸자는 5년을 안 먹고 안 쓰고 꼬박 모아야 가능하다. 우리나 중국이나 졸업하고 어렵게 취업해도 돈 모으기는 참 어려운 일이다.

어디서 많이 본 공제법, 연말정산

해마다 2월이 되면 13월의 월급이라고 하는 연말정산 소식이 들려온다. 물론 모든 사람이 열세 번째 월급을 받는 건 아니다. 연말정산은 평소 어림잡아서 세금을 떼어갔다가 1년이 지나고 정확한 수입에 따라 세액을 결정해서 모자르면 더 받고 남으면 돌려주는 제도다.

중국도 연말정산 제도가 있다. 중국의 연말정산 제도는 2019년 처음 시작되었다. 2019년 1월 1일 시행된 「신 개인소득세법」이라는 법률에 따른 것이다. 이 법이 시행되면서 개인의 소득세를 결정하는 정책이 역사적인 변화를 맞았다.

연말정산은 물론이고 우리처럼 종합과세도 시행하게 되었다. 그전까지는 매달 개인소득세를 내고 정산하는 방식이었다. 이제는 우리 연말정산 방법을 따라서 미리 대강의 세금을 내고 1년에 한 번 정산하는 방식으로 바뀌었다.

정산 기간은 해마다 3월부터 6월까지, 석 달 동안이다. 하지만 모두 연말정산을 하는 건 아니다. 1년 소득이 12만 위안, 우리 돈 약 2천만 원 이하인 경우, 추가로 내야 할 세금이 400위안, 우리 돈 약 7만 원 이하인 경우에는 하지 않아도 된다. 또 본인이 환급을 원하지 않는다고 하면 역시 신청하지 않을 수 있다.

이런 제도를 도입하면서 과세 표준을 조정해서 연간 소득이 24만 위안, 약 4천만 원 이하의 저소득층의 세금 부담이 전보다 절반 가까이 줄었다는 소식이다. 또 기존에는 양로보험, 의료보험, 실업보험, 주택공적금이라는 네 가지 항목을 사전에 공제할 수 있었지만, 세법이 바뀌고 나서 자녀 교육비, 평생 교육비, 의료비, 주택 대출 이자와 임차료, 노인 부양비가 특별부가 공제 항목이 되었다.

어디선가 많이 듣던 이야기다. 중국이 새로운 세법을 만들면서 우리나라 제도를 열심히 공부해 간 것 같다.

중국은 며칠이나 쉴까, 육아휴직

아이 돌보기는 정말 힘든 노동이다. 중국은 6월 1일을 어린이날(아동절)로 지낸다. 아이 키우는 일 어딘들 다를까만, 중국은 그래도 조금 우리보다 나은 점이 있다. 지난 2015년까지는 한 가정에 한 아이만을 낳도록 법으로 규정했다. 그러다 보니 법을 어기는 경우가 아니면 실제로 대부분 집안에 아이가 하나뿐이었다.

아이 하나에 엄마와 아빠, 할머니, 할아버지, 외할머니, 외할아버지 이렇게 여섯 명이 집중하는 구조가 만들어졌다. 이걸 축구의 공격, 수비 대형처럼 '421구조'라고 부른다. 일종의 공동육아인 셈이다.

여섯 명의 어른에게서 온갖 관심과 사랑을 듬뿍 받고 자라난 아이들은 소황제가 되고 말았다. 그런데 2016년부터는 인구

감소를 염려한 중국 정부가 한 가정에 두 자녀까지 허용한다고 정책을 바꾸었다.

아이를 더 낳게 된 건 좋은 일이었지만, 중국의 부모들은 전에 없이 육아의 부담이 가중되었다. 우리나라도 육아휴직이 많이 정착돼서 엄마와 아빠가 모두 잘 활용하게 되었는데, 중국도 이즈음부터 출산 휴가와 육아휴직 제도가 더 정비되고 많은 사람이 활발하게 이 제도의 덕을 보게 되었다.

중국의 출산 및 육아휴직은 각 지방정부의 결정에 따라서 만들어졌다. 2016년 이후에는 남성 육아휴직 제도를 도입한 성 정부가 많아졌다. 하지만 육아휴직이라기에는 우리보다 기간이 짧은 편이다. 중앙정부에서는 98일, 약 석 달을 기본으로 하고 있다. 인심이 좀 넉넉한 직할시나 성 정부는 여기에 휴가 일수를 더해주기도 한다. 상하이 같은 경우는 기본 98일에 30일부터 80일까지를 더 쓸 수 있다고 한다. 다 더하면 6개월쯤 되는 셈이다.

5대 보험은 복잡해! 4대 보험

취업을 하면 월급 때마다 이른바 '4대 보험'을 뗀다. 법으로 정해진 규정이다. 국민연금, 건강보험, 고용보험, 산재보험으로 구성돼있다. 중국도 우리처럼 이런 보험이 있다. 그런데 4개가 아니라 5개다. '5대 보험'이다.

기업이 고용인에게 지급을 보장하는 보험이 다섯 가지 종류다. 양로보험, 의료보험, 실업보험, 산재보험, 출산·육아보험이다. 여기에 주택공적금을 더 넣어서 5대 보험과 1대 기금, '우셴이진'(五險一金)이라고 표현한다.

우리와 비교해 보면 국민연금이 없는 대신 양로보험과 출산·육아보험이 더 있다. 사회주의는 원래 요람에서 무덤까지 평생을 국가가 책임지는 사회다. 그러나 중국도 시장경제가 들어가면서 보험 개념이 생겨나고 이를 적극적으로 활용하고 있다.

최근에는 의료보험과 출산·육아보험이 통합됐다. 의료보험에 가입하는 직장인이라면 출산·육아보험도 자동 가입하게 된다. 보험료는 기업이 부담한다. 두 보험이 통합되면서 2800만 명 정도가 새로 출산·육아보험에 가입하게 됐다.

의료보험료는 급여의 7%, 출산·육아보험료는 0.6% 정도

된다. 중국 대졸자 한 달 월급이 약 73만 원 정도니까 의료보험과 출산·육아보험료를 합해 5만 5000원 정도 납부하는 셈이다.

그런데 중국도 요새 출생률이 낮아져서 고민이다. 2019년에는 1523만 명이 태어났는데 이는 전해보다 200만 명이나 줄어든 숫자다. 출생률 조사가 시작된 이래 두 번째로 낮은 숫자이기도 하다. 출산·육아보험과 의료보험의 통합 조치가 이런 중국의 출생률을 높이는 계기가 될 수 있을지 궁금해진다.

주석님께서 청찬하신 보람도 없이 출간은 미정, 『자본과 이데올로기』

토마 피케티는 『불평등경제』, 『21세기 자본』이라는 책으로 국제적인 반향을 일으킨 경제학자다. 특히 『21세기 자본』은 전 세계에서 한국어로 가장 먼저 번역되기도 했다. 프랑스 사회과학고등연구원 교수인 피케티의 최근 저서 중에 『자본과 이데올로기』가 있다.

이 책은 중국에서 출간되기는 좀 어려울 것 같다. 오랜만에 출판한 이 책에서 피케티는 세계적으로 문제가 된 경제적 불평등의 문제를 지적했다. 책의 주된 내용이 중국을 겨냥한 건 아니지만 중국의 불평등이 계속 심화되고 있다며 여러 쪽에 걸쳐 비판을 가했다.

공식적인 데이터가 분명하지 않고 사회주의 정체 체제와 경제의 불평등이 모순을 만들어내고 있다는 주장이었다. 이런 주장이 중국 당국의 눈에 거슬렸다. 중국은 자신의 체제를 비판하는 출판물을 전혀 인정하지 않고 있다. 이 부분을 삭제해 달라고 중국이 요구했고, 피케티는 거부했다. 피케티가 이전에 낸 책인 『21세기 자본』은 시진핑 주석이 큰 관심과 호평을 보인 적이 있었기에 중국 당국이 더 당혹스러워하는 모양새다.

중국은 출판물을 낼 때 공산당 산하의 선전부라는 기구에서 심의 절차를 반드시 거쳐야 한다. 그 내용을 살펴보면 중국이 어떤 점을 민감하게 생각하는지를 알 수 있다. 소수민족의 명칭이나 역사적으로 중국과 관련된 주변 국가의 명칭을 혼동해서 쓰지 말라는 내용이 가장 중요하다.

특히 소수민족에 대한 문제는 매우 엄격하게 다루고 있다. 예를 들면 청나라를 언급할 때, 왕조를 만주족이 세웠다는 뜻에서 '만청'이라고 쓰지 말라는 식이다. 종교 문제도 중요하다. 관련된 이야기를 하려면 반드시 사전 승인을 받아야만 한다.

물론 하지 말라는 내용만 있는 건 아니다. 중국 문명의 위대함을 전파하기 위해서 '중화민족'이라는 말을 자주 쓰라고 한다. 이렇게 심의 규정은 세밀한 내용까지도 써라, 쓰지 말아라,

요구하고 있다. 이런 상황이니 중국에서 피케티의 책이 출판되기는 어려워 보인다.

200년 전에 이루어진 꿈, 자율주행자동차

사람이 살아가는 데 꼭 필요한 세 가지 요소는 '의식주'다. 중국에서는 하나를 더 꼽는다. 입고, 먹고, 자는 일에 더해 필요한 게 뭘까? 바로 '다닐 행'(行)이다.

중국 사람들은 '의식주행'이라는 표현을 자주 쓴다. '행'은 교통이다. 요즘 자주 쓰는 말로 하면 '모빌리티'다. 자율주행자동차, 일인용 전동킥보드, 모빌리티 플랫폼 등의 이슈는 한국에서도 이미 중요한 관심사다. 새로운 모빌리티 도구가 사고를 일으켰다는 소식도 심심치 않게 화제가 된다.

그런데 자율주행자동차는 그 한자를 들여다보면 좀 우스운 표현이다. 왜냐면 자동차라는 말 자체가 '스스로 움직이는 수레'라는 뜻이기 때문이다. 그것 앞에 또 '자율 주행'을 붙이니까 '스스로 움직이는 스스로 움직이는 차'라는 뜻이 되었다. 같은 말을 반복한 셈이다. 중국에서는 '자동운전차'라고 쓰는데, 중복이 없고 의미가 분명해졌다.

스스로 움직이는 수레라고 하면 또 자전거가 있다. 자전거는 스스로(自) 굴러가는(轉) 수레(車)다. '거'(車)나 '차'(車)나 같은 글자다. 그러니까 자전거나 자동차나 같은 말이다.

세계 최초의 자전거는 1818년에 발명됐다고 한다. 그렇다면 스스로 가는 수레, 자율주행차에 대한 인간의 상상은 이미 200년 전에 현실로 만들어진 것이다. 그 뒤 기술이 발전하면서 이제야 핸들을 잡지 않아도 움직이는 차를 만들어낼 수 있게 된 셈이다.

중국은 자전거의 나라라고 한다. 특히 베이징이나 상하이처럼 평지가 많은 도시에서 자전거의 물결은 엄청나다. 정확하게 셈을 할 수는 없지만, 한 사람이 한 대씩만 가지고 있다고 해도 14억 대가 넘는다. 거기다 공유자전거다 뭐다 해서 더하면 부지기수로 늘어날 것이다.

하지만 중국도 경제가 좋아지면서 오토바이를 타는 사람이 더 많아졌다. 베이징만 봐도 평균 서너 명에 한 대꼴로 오토바이를 탄다. 그런데 가만히 들여다보면, 오토바이라는 말도 저절로 굴러가는 두 개의 바퀴라는 뜻이 아닌가!

중국인이 상을 타도 당국은 불편해, 노벨상

해마다 가을, 10월이면 전 세계인의 눈과 귀를 한곳에 끌어모으는 일이 일어난다. 바로 노벨상 수상자 발표다. 노벨상은 다이너마이트를 발명한 스웨덴 과학자 알프레드 노벨의 이름을 딴 상이다. 물리학상, 화학상, 생리학 및 의학상, 경제학상, 문학상, 평화상 6개 분야에서 시상한다.

우리나라는 고 김대중 대통령이 2000년에 평화상을 받은 게 유일하다. 중국도 노벨상을 받은 사람이 그렇게 많지는 않다. 1957년에는 대만 국적으로 리정다오와 양전위라는 과학자가 물리학상을 받았다.

그 이후에는 중국 출신이지만 미국이나 프랑스 국적을 갖고 있는 사람들이 주로 상을 받았다. 1990년대부터 2000년대까지 모두 7명이 물리학상, 화학상, 문학상을 받았다.

우리를 깜짝 놀라게 한 수상자는 2010년 류샤오보였다. 중국 반체제 인사로 유명한 류샤오보가 노벨평화상을 수상했던 것이다. 노벨평화상은 다른 상과는 다르게 노르웨이에서 수상자를 결정하기 때문에 당시 중국과 노르웨이의 관계가 매우 경색되기도 했다. 류사오보는 상을 받고도 계속해서 수감 생활을 해야 했다. 그러다가 2017년 세상을 떠나고 말았다. 그의 부인

류샤도 가택 연금을 당하다가 독일로 가서 살고 있다.

또 이슈가 됐던 수상자 중 하나는 가오싱젠이라는 작가다. 중국 대륙에서 오랫동안 극작과 소설을 집필하면서 활동해온 그는 1987년 자신의 연극 작품 공연을 둘러싼 문제로 중국 당국과 마찰을 빚고 프랑스로 망명했다. 이후 현지에서 『영혼의 산』등 작품을 발표했다. 그 성과를 인정받아 2000년 노벨문학상 수상자로 결정됐다.

21세기에 들어서 노벨상을 받은 중국계 인사들이 모두 중국 당국이 탐탁치 않게 여기는 인물이었다. 중국과 관계가 껄끄러워지는 걸 원치 않았던 노벨상위원회는 가오싱젠이 수상하고 난 2년 뒤, 2012년 중국 작가 모옌에게 중국인 처음으로 노벨문학상을 안겨주었다.

중국에 없는 것은 없는 것뿐, 석유

중국은 산유국일까? "중국에 뭔가가 없다"라는 말을 섣불리 하지 말라는 경고가 있다. 중국은 산유국이다. 그것도 전 세계 5위에 해당하는 산유국이다. 러시아, 사우디아라비아, 미국, 이라크에 이어서 하루 300~400만 배럴의 석유를 생산하고 있다.

석유에 대한 중국의 사랑은 1950년대까지 거슬러 올라간다. 사회주의 정권을 세우고 생산력을 높이는데 온통 관심을 쏟고 있던 마오쩌둥 국가주석은 석유 채굴을 독려했다. 마오쩌둥이 제시한 중요한 조사 연구 방법론은 "조사 없이는 발언권도 없다"라는 말로 집약되었다.

당시까지만 해도 중국에 석유가 나는지 그렇지 않은지 반신반의하고 있던 전문가들에게 이 말은 "찾아보지도 않고 어떻게 알아?"라는 뜻과 같았다.

그런 '관심'과 '격려' 때문이었는지, 사회주의 중국 수립 10주년이 되던 1959년 9월, 동북 지역 러시아와 접해 있는 헤이룽장성에서 유전이 발견됐다. 큰 경사를 맞이했다고 해서 '대경'(大慶), 중국어로는 '다칭유전'이라고 이름 붙였다.

그 뒤 이곳에 유전의 이름을 따서 다칭시가 들어섰다. 다칭유전 덕분에 중국은 1960년대 초 이미 석유를 자급하게 되었다. 그 뒤 중국은 발해만 삼각주 일대, 랴오허강 하류와 내몽골 지역, 신장 위구르 자치 지역 등에서 속속 유전을 개발했다.

2018년을 기준으로 중국 원유 생산량은 1억 9천 톤에 이르렀다. 유전은 중국 경제를 이끄는 강인한 힘으로 작용하고 있다. 하지만 중국은 원유를 적극적으로 수출하는 나라는 아니다.

두 개의 폭탄과 하나의 별, 원자폭탄

원자폭탄이라고 하면 히로시마와 나가사키에 떨어졌던 역사를 떠올리게 된다. 일본 제국주의의 침략을 끝낼 수 있었던 강력한 폭탄이었다.

핵탄두를 장착한 핵폭탄의 위력은 정말 대단하다. 원자폭탄이 한번 터지면 반경 1km 안에 있는 생물체는 95% 이상이 목숨을 잃는다고 한다. 그 뒤에도 방사성 물질이 반경 20km까지 내려앉는 낙진이 일어난다. 그렇게 되면 이 범위 안에 있는 생물체는 역시 방사능에 직접 노출된다. 제2차 세계대전 이후에는 한 번도 쓰이지 않았지만, 가공할 위력 때문에 강대국들이라면 너도나도 보유하고 있는 게 현실이다.

중국은 그 원자폭탄을 1964년 10월 16일 오후 3시, 개발에 성공했다. 중국 서부 지역에서 폭탄 발사 실험을 성공적으로 완수한 것이다. 중국은 미국, 당시 소련, 영국, 프랑스에 뒤이어서 세계 다섯 번째로 원자폭탄을 가진 나라가 되었다.

중국 대륙을 점령하고 사회주의 중국을 수립한 마오쩌둥은 1955년 명령을 내렸다. 비행기나 대포 같은 무기뿐만 아니라 원자폭탄을 가지고 있어야 한다고 말이다. 그때부터 중국은 소련의 도움을 얻어서 원자탄 개발에 몰두했다.

1959년 소련 전문가들이 철수하자, 스스로 원자탄을 만들겠다는 의지가 오히려 더욱 강력해졌다. 그리고 약 3년 뒤인 1962년, 저우언라이 총리가 이끌고 과학기술자들과 국방 전문가들이 이끄는 조직을 기반으로 중국은 핵실험에 성공했다.

다시 2년 뒤에는 더욱 완벽해진 원자탄 개발에 성공하게 되었다. 중국 당국은 당시 이렇게 발표했다. "중국의 핵무기 개발은 중국 인민이 핵전쟁의 위협에서 벗어나기 위한 목적이었다. 동시에 중국은 어떤 경우에도 먼저 핵무기를 사용하지 않겠다. 또 세계 수뇌부와 함께 핵무기 사용 금지와 폐기를 위해 논의하겠다"라고.

하지만 중국은 30년 가까이가 지난 1992년에야 핵확산방지조약(NPT)에 가입했다.

중국 남성들은 몇 년이나? 징병제도

징병제냐, 모병제냐. 선거 때만 되면 우리 징병 체계를 바꿔서 모병제 도입을 공약으로 내걸겠다는 소식이 전해진다. 대한민국 남성에게 군 복무는 애증의 경험이다. 궁극적으로는 모병제로 바꾸어야 한다고 주장하는 이들도 있고, 모병제는 시기상

조라고 생각하는 이들도 있다.

　중국은 징병제일까, 모병제일까? 중국은 사회주의 국가니까 당연히 징병제라고 생각할 수 있다. 결론부터 말하면 중국은 "사실상 모병제"다. 모병제면 모병제지, 사실상 모병제는 또 뭘까?

　중국 병역법 규정 때문에 그렇다. 현행 중국의 병역법은 "의무병과 지원병을 결합한다"라고 되어있다. 의무병은 당연히 징병에 의한 결과이고, 지원병은 모병의 결과다. 그런데 중국군은 의무병으로는 사실상 운용되지 않고 있다.

　처음부터 그랬던 건 아니다. 중국군, 즉 '인민해방군'은 1927년에 처음 창설됐다. 그 이후 지원병 제도와 의무병 제도, 또 둘 다를 결합하는 제도가 시대에 따라 반복돼왔다. 의무병 제도는 주로 사회주의 수립 이후 1950~60년대에 계속됐다. 이때 복무기간이 길게는 육군이 4년, 공군 5년, 해군 6년까지 됐다.

　문화대혁명 이후, 1978년부터는 의무병과 지원병제도를 결합하기 시작했다. 1998년에는 병역법에서 "의무병을 중심으로 한다"라는 문구를 삭제하면서 오늘에 이르고 있다. 하지만 여전히 법률에는 의무병이 명시돼있고, 그 복무연한도 2년으로 규정돼있다.

　이건 아마 자신감의 발로일 것이다. 현재 중국군에 복무하고 있는 숫자가 200만 명이나 돼서 병역 자원이 이미 풍부하고,

군사비도 연간 150조 원 이상으로 세계 2위를 차지하고 있기 때문이다.

아니 테마파크라면서요, 항모 랴오닝호

항공모함. 항공기의 모체가 된다고 해서 붙여진 배의 이름이다. 항공기라고는 하지만 주로 전투기가 뜨고 내리는 배를 뜻한다. 선진 군대의 중요한 무기 체계 중 하나다. 제2차 세계대전을 거치면서 중요한 무기로 부상했다. 오늘날에는 강대국의 군사력을 보여주는 바로미터다.

세계에서 항공모함을 가장 많이 보유하고 있는 나라는 어디일까? 당연히 미국이다. 미국은 현재 11척의 항공모함을 갖고 있다. 그렇다면 요즘 미국에 맞서고 있는 중국은 항공모함을 몇 대 가지고 있을까?

조금 시시해 보일지 모르겠지만 중국엔 항공모함이 딱 두 대 있다. 항공모함은 단지 돈이 있다고 건조되는 게 아니라 무수한 기술력이 같이 있어야만 하는 까닭이다. 중국 해군이 처음 가지게 된 항공모함도 직접 건조한 게 아니라 러시아에서 사온 것이다.

당초에는 테마파크로 만들겠다는 명목을 내세웠다. 소련이 붕괴한 이후 퇴역한 항공모함을 사와서 주로 외관만 수리해서 해군에 배치했다. 이게 중국의 항공모함 랴오닝호가 되겠다. 2012년 9월 23일 오후 4시, 중국은 랴오닝호가 다롄 항구에서 해군에 접수되는 의식을 성대하게 치렀다.

항공모함 수준이 미국보다 한참 뒤진다는 사실은 중국이 자존심 상할 만한 일이다. 이 때문에 중국은 두 번째 항공모함 건조를 서둘렀다. 산둥함이라고 이름 붙여진 두 번째 항공모함이 2017년 진수되어 2019년 실전 배치됐다.

세 번째 항공모함은 지금 건조를 계획하고 있다. 동아시아 역내 갈등이 더욱 첨예해질수록 군비를 확장하려는 시도는 더 힘을 얻게 될 것이다. 우리를 둘러싼 국내외 환경을 평화롭게 만들기 위한 노력이 그래서 더욱 중요하다.

화려한 퍼레이드의 이면, 대열병식

2019년 10월 1일, 중국 국가수립일. 베이징 천안문광장에서는 대열병식이 치러졌다. 열병식이란 군대가 줄을 맞추어 행진하는 의식이다. 국가 수립을 기념하고 축하하는 의미로 진행된,

말 그대로 대규모 열병이었다.

중국의 열병식에는 육해공군을 망라한 부대뿐만 아니라 최신식 무기까지 동원됐다. 무엇보다 군대의 위용을 뽐내기 위한 의도가 강하다. 내부적으로는 이런 행사를 통해 자국민의 심리적 자긍심을 심어주고, 외부적으로는 자국 군대의 용맹한 군사력을 과시하려는 것이다.

특히 중국은 군대와 군인을 사회적으로 매우 존중하는 관습을 가지고 있다. 중국 혁명을 성공으로 이끈 중요한 구성 집단 중 하나가 바로 군인이기 때문이다. 요즘엔 그래도 많이 없어졌다고 하지만, 10여 년 전만 해도 대부분의 공공장소에서는 '군인 우선'이라는 팻말이 곳곳에 붙어있었다.

이번 열병은 앞뒤로 기념식과 매스게임 등을 배치하면서 축제 분위기를 한껏 돋우었다. 중국이 이렇게 대규모 열병을 실시한 건 15번이다. 1949년 국가 수립 선포식에서 치러진 제1차 열병 이후 1950년부터 59년까지는 해마다 10월 1일 열병을 했다.

중간에 잠시 끊긴 열병 의식은 1984년도에 제12차로 부활했다. 1999년 제13차, 2009년 국가 수립 60주년 기념식에 제14차 열병을 치렀다. 약 80분간 치러진 이번 열병에서는 59개 부대와 군악단, 1만 5000명에 이르는 군인, 580대가 넘는 군장비가 동원돼서 역사상 최대 규모를 자랑했다.

천카이거 감독은 1984년 '대열병'을 소재로 한 영화를 찍기도 했다. 영화는 화려한 열병의 겉모습뿐만 아니라, 쉬지도 못하고 그걸 준비하는 군인들의 안쓰러운 모습을 담기도 했다. 저렇게 화려한 행사의 이면에 무수히 많은 사람들의 인내와 고통이 자리 잡고 있는 건 분명한 사실이다.

7

대만과 홍콩은
어디로?

이 섬에서는 탄피가 많이 납니다, 진먼다오

대만의 진먼다오(金文島)는 정말 많은 이야기를 담고 있다. 사실 진먼다오는 대만보다 대륙 쪽에 훨씬 가깝게 붙어있다. 우리로 말하면 북한을 마주보고 있는 백령도 같은 섬이다. 대륙 남쪽 끝의 샤먼이라는 도시에서 배로 2km 정도밖에 떨어져있지 않다.

1949년 10월 중국이 사회주의 중화인민공화국을 선포하고 난 뒤에도 이곳에서 계속 전투가 이어졌다. 장제스가 이끄는 국민당 정부는 이 섬을 끝까지 사수했다.

그중에서도 1949년 10월 말 구닝터우라는 곳에서 벌어진 전투가 가장 치열했다. 10월 24일 밤, 중국 공산당 군대가 바다를 건너 진먼다오에 상륙했다. 국민당 군대는 지하에 갱도를 파고 매복해있다가 바다를 건너오는 공산군을 무찔렀다. 그러나 국민당군의 희생도 만만치 않았다. 양쪽 모두 9천 명이 넘는 군인이 전사했다. 구닝터우 전투는 공산군에게는 치명적인 실패로 기록됐고, 국민당에게는 대만을 지키는 마지막 방어선을 구축한 계기가 되었다.

국민당은 이 전투 이후 1953년까지 진먼다오를 군이 직접 관리하는 지역으로 설정했다. 그 뒤에도 공산군은 섬에 수십만

발의 포탄을 쏟아부었다. 그런데 진먼다오는 주로 바위로 이뤄진 섬이다 보니 이 포탄을 모두 견뎌냈다.

상황이 안정되고 진먼다오에 살던 사람들은 쏟아진 포탄의 탄피를 주워다가 칼을 만들기 시작했다. 오늘날에도 진먼다오의 특산물로 요리 칼이 유명한 까닭이다. 진먼다오에서 치열한 전투가 일어난 지 1년 뒤, 중국 공산군은 한반도에서 발발한 한국전쟁에 참여했다. 한반도와 대만, 두 곳에서 동시에 전쟁을 수행하기에는 너무 큰 대가를 치러야 한다고 생각한 공산당은 대만에 대한 공격을 잠시 멈추었다.

오늘날 대만이 이렇게 남아있을 수 있는 이유 중 하나는 한반도에서 일어난 전쟁에 중공군이 참여했기 때문이라는 해석이 있다.

이름만 찻집, 특약다실

대만 진먼다오에 가면 '특약다실'로 쓰인 건물이 기념관으로 남아있다. '특약다실'(特約茶室)이란 말 그대로 '특별히 약속을 해서 차를 마시는 방'이라는 뜻이다. 그러나 사실 이 공간은 차를 마시는 곳이 아니었다.

1950년대 대륙의 공세에 정신을 못 차릴 정도로 후퇴했던 대만 국민당은 가까스로 진먼다오를 사수했다. 이곳은 대륙을 방어하고 수복해야 하는 최전방 기지가 됐다. 한때는 5만에서 10만에 이르는 병사가 주둔했다.

혈기왕성한 병사들이 한꺼번에 몰려들자 여러 가지 부작용이 일어났다. 특히 성범죄가 끊이질 않았다. 그렇다고 병력을 줄일 수도 없는 문제였다. 당시 국민당 52군을 책임지고 있던 양루이라는 사람이 건의를 올렸다. 그리고 국방부 총정치부 주임이었던 장징궈, 즉 장제스의 아들이 승인을 하고 진먼다오 방위사령관이었던 후롄 장군의 지시로 1951년부터 특약다실이 만들어졌다.

특약다실은 군인을 위한 공창이었다. 특약다실은 '831'이라는 별명으로도 불렸다. 중국어 전신 암호로 여성의 성기를 뜻하는 말이었다. 이곳에서 근무하는 여성들은 나이 어린 직원을 가리키는 말인 '시응생'이라고 불렸다.

여성들은 아침 8시부터 저녁 9시까지 점심, 저녁 식사 시간만을 제외하고 하루 종일 일을 했다. 하루 평균 50명이나 되는 군인들을 접대했다고 한다. 군인들은 입장권을 사서 들어가야 했다. 1951년 당시 장교는 15위안, 사병은 10위안 정도를 냈다. 단순 환산할 경우 대만 돈 10위안은 우리 돈 400원 정도다.

많은 여성이 반강제적으로 이곳에 온 걸로 추정된다. 여성이 처음 오면 군에서 정착비로 1만 위안을 주었다. 이 때문에 입장권 수입은 여성과 군대가 각각 3대 7로 나누는 방식이었다. 상상하기 어려운 이 제도가 1989년까지 계속되었다.

1987년 대만 계엄령이 해제되고 1988년 장징궈가 죽고 난 뒤의 일이었다. 몇 년 전에는 이런 이야기를 담은 영화 〈군중낙원〉이 상영되기도 했다.

대륙 기술력의 집약체, 진먼고량주

진먼다오라고 하면 뭐니뭐니해도 대만을 대표하는 술, '진먼고량주'가 유명하다. 보통 58도 되는 백주로 목넘김이 알싸한 매운맛을 내는 술이다. 중국 대륙의 마오타이, 우량예와 함께 3대 백주로 꼽히기도 한다. 진먼고량주의 생산량은 연간 1650만 리터, 500밀리리터 기준으로 따지면 한 해 무려 3천 3백만 병이다. 이 술의 생산에 매일 11만 kg에 달하는 수수가 투입된다.

대만을 대표하는 고량주가 진먼다오에서 생산될 수 있었던 기반은 섬에 펼쳐진 넓은 평야로, 이곳에서 수수가 대량으로 재배된다. 하지만 이 수수로 고량주를 만들자는 아이디어는 그리 오래 전의 것이 아니다. 그 기원은 중국 대륙과 대만 사이의 전

쟁으로 거슬러 올라간다. 1949년부터 치열한 전투를 펼친 양측
은 1950년 한국전쟁을 계기로 소강상태를 유지했다. 한동안 특
별군사관리지역이었던 진먼다오에는 많은 군인이 주둔해 있었
다. 당시 이 지역을 관리하던 책임자는 후롄(胡璉) 장군이었다.

후 장군은 병사들을 위무할 방법을 찾던 중, 그들이 마실 술
이 없다는 사실을 알고는 부하 장교에게 새로운 술을 만들어내
라고 지시했다. 저우신춘이라는 장교가 그 지시를 받고 어떻게
하면 새 술을 만들 수 있을까 고민을 거듭했다. 그러다가 무릎
을 탁 치고는 전 부대 병사들 가운데 술을 빚을 수 있는 인원을
한자리에 모았다. 당시 국민당 병사들은 모두 중국 본토 여기저
기서 건너온 사람들이었다. 그들을 모아 대륙 각지의 술 빚는
방법을 종합하면, 비법이 개발될 것이라고 여긴 것이다.

1952년, 대륙의 주조 기술이 집약된 진먼고량주가 태어났
다. 마오타이보다 1년 먼저, 우량예보다 6년 먼저 만들어져서
오늘날까지 긴 역사를 자랑하고 있는, 대만을 대표하는 술이다.
뒷맛이 매운 걸 다소 싫어하는 이들은 진먼고량주를 얼린 뒤
차갑게 마시면 훨씬 부드럽게 즐길 수 있다.

대만에 가면 꼭 가봐야 할 이곳! 국립고궁박물원

대만에 갈 때 반드시 들러야 할 곳을 꼽으라면 어디일까? 국립고궁박물원이다. 그냥 줄여서 '고궁' 또는 '타이베이 고궁'이라 부르기도 한다. 세간에는 이곳에 엄청난 문화재가 수장돼 있어서 몇 년을 보아도 다 보지 못할 거라는 말들이 많다.

박물관은 1965년 9월 20일 개관했다. 이곳엔 도대체 유물이 몇 점이나 보관돼있을까? 현재 박물관 측에서 공식적으로 밝히고 있는 유물은 69만 4090건이다. 이중 대다수를 차지하는 60만 8985건은 대륙에서 가져온 것이다. 베이징의 고궁과 이화원, 선양의 고궁, 난징의 고궁 등에서 가져왔다. 나머지 8만 5천여 건은 나중에 수집한 자료들이다. 주로 고궁에서 가져왔기 때문에 대만에서도 '고궁박물관'이라고 이름을 붙였지만, 사실 대만에는 고궁이 없다.

고궁박물관의 유물들을 다 보려면 얼마나 걸릴까? 소장품 69만 건을 365일로 나누면 하루에 1900건이다. 사람이 하루에 1900건을 보기도 쉬운 일이 아니다. 몇 년이 걸려도 다 못 본다는 이야기는 그래서 나왔다.

참고로 우리나라 국립중앙박물관의 소장품은 40만 건이 좀 넘는다. 프랑스 루브르박물관은 약 38만 건을 소장하고 있다고

하니 비교해 보면 어느 정도 규모인지 알 수 있다. 대만 국립박
물관에 가장 많은 유물은 역시 책이다. 약 90%를 차지한다. 나
머지가 자기 같은 기물들, 그림과 서예 작품들이다.

대만 고궁박물관은 흰 벽에 녹색 지붕을 얹은 건물들로 구
성돼있어서 단아한 모습이다. 박물관 앞 중앙 뜰은 중국인이 좋
아하는 꽃인 매화 모양으로 꾸며져있다. 대륙에서 도망치듯 가
지고 나온 유물들이니 대륙과는 절대 말도 섞지 않을 것 같지
만, 최근에는 대륙의 고궁박물관과 전시 교류도 하고 있다.

한 번만 하지는 않는다, 총통

2020년 1월 대만 총통 선거가 차이잉원(蔡英文)의 넉넉한
승리로 끝났다. 차이잉원 총통은 제14대에 이어 제15대 총통의
직무를 연이어 맡는다. 역사상 대만 총통 중에 연임을 하지 않
은 경우는 한 번도 없다.

대만 총통은 1950년 이른바 '중화민국헌법'이 공포되면서
헌법의 지위를 갖게 됐다. 제1대부터 제5대까지는 장제스 총통
이 연이어 맡았다. 제1대의 경우만 4년 남짓 임기를 지냈고, 2
대부터 4대까지는 매번 6년 임기를 채웠다.

5대를 지내던 1975년 4월 5일 장제스가 세상을 떠나면서 잔여 임기를 옌자간이라는 당시 행정원장이 이어받았다. 엄격히 말해서 연임을 하지 않은 총통이 있다면, 옌자간이 유일하다. 1978년부터는 장제스의 아들인 장징궈가 뒤를 이어 제6대와 제7대 총통을 역임했다.

그런데 장징궈 총통도 7대 총통을 4년 가까이 지내던 중 1988년 1월 세상을 떠났다. 그 잔여 임기를 리덩후이 총통이 이어받았다. 리덩후이는 2000년 5월까지 제8대와 제9대 총통을 연임했다.

리덩후이가 제9대 총통에 취임하게 된 1996년부터 대만 총통 직선제가 실시됐다. 리덩후이는 대만 역사상 최초의 직선 총통이 됐다. 이 때부터 대만 총통의 임기는 만 4년으로 조정이 되고, 한번에 한해 연임할 수 있게 됐다.

제10대 총통 선거에서는 민주진보당의 천수이볜 후보가 파란을 일으키며 당선되면서 대만 최초 정권 교체가 이뤄졌다. 국민당이 계속 장악해 왔던 총통 직무를 넘겨 받았다. 천수이볜도 제10대와 제11대 총통을 연임했다.

2008년에는 다시 국민당에게로 총통 자리가 넘어가서 마잉지우 총통이 제12대와 제13대를 8년 동안 맡게 됐다. 지난 2016년 민주진보당 차이잉원 총통이 14대 총선에 당선되면서 최초의 여성 총통으로 기록됐다.

차이잉원 총통의 첫 임기는 인기가 별로였지만, 중국 대륙이 지나치게 대만에 간섭하는 모습을 보이면서 반전에 성공, 제15대 총통으로 연임할 수 있었다.

독재와 경제개발, 장제스

대만의 초대 총통이었던 장제스(蔣介石)는 장개석, 장카이섹 등 여러 발음으로 불린다. 우리말 한자로는 장개석, 중국 표준어로는 장제스, 그의 고향인 중국 저장성 방언으로는 장카이섹이라고 한다.

1887년에 태어나서 1975년에 생을 마쳤으니 향년 여든여덟이었다. 그는 청나라 왕조를 뒤엎은 쑨중산을 보좌하던 군인이었다. 쑨중산이 일찍 세상을 떠나자 그 자리를 이어받으면서 국민당 권력을 손에 넣었다.

공산당과의 지난한 대결 끝에 결국은 중국 대륙을 공산당에 넘겨주고 대만으로 건너와 '중화민국'이라는 국호를 계속 사용했다. 그러나 평생을 공산당에게 패배했다는 사실에 절치부심하며 하루속히 대륙을 수복해야 한다는 일념으로 살았다. 또 세력이 급격히 약화된 자신과 국민당과 대만으로 대륙이 언제든지 쳐들어올지도 모른다는 공포에 시달렸다. 타이베이 스린이라는 곳에 만들어진 그의 관저에 가면 유사시에 대피할 수 있는 방공호를 만들어 놓았다. 엄청난 규모를 자랑하는 이 방공호는 일설에 따르면 그 강도가 핵폭탄에도 끄떡없을 정도다.

장제스는 대륙을 수복하려면 강력한 통치가 필요하다고 생각했다. 그래서 대만으로 넘어온 1949년부터 줄곧 계엄령을 유지했다. 계엄령은 그가 사망하고 난 뒤에도 12년 동안이나 더 계속돼서 1987년, 38년 만에야 해제된다.

곧 돌아갈 수 있으리라고 믿었던 대륙 수복의 꿈이 실현되기 어렵다는 사실을 깨달은 그는 대만에서 강력한 독재와 경제 개발이라는 두 가지 목표에 집중했다. 많은 사람의 인권이 무시되고 정적이 숙청되는 아픈 역사가 반복되었다. 하지만 그사이 대만은 아시아의 네 마리 용 가운데 하나로 성장했다. 그래서일까. 장제스를 기념하는 타이베이의 중정기념당 전시실에 가보면 1966년 대만을 공식 방문한 박정희 전 대통령의 사진이 걸려있다. 그 사진이 상징하는 바가 작지 않다.

대만 민주화를 이끈 총통, 리덩후이

대만의 리덩후이 전 총통이 2020년 7월 30일 별세했다. 향년 98세였다. 리덩후이는 대만 현대사의 물줄기를 바꾼 중요한 인물로 평가받고 있다. 대만에서 태어나 일본과 미국에서 유학하면서 실력을 쌓은 그는 대만으로 돌아와서 국립대만대학 교수를 지냈다.

장징궈 행정원장에게 발탁되어 정계에 입문한 뒤 타이베이 시장, 타이완성 주석을 지내고 장징궈 총통 시절 부총통에 올랐다. 그리고 1988년 장징궈 총통이 사망하면서 총통 직무대행을 맡게 됐다.

장징궈 총통이 병상에 누워있을 당시, 참모들이 나서 물었다. "후계자를 누구로 할까요?" 장 총통은 "니 덩훨(你等會兒)"이라고 대답했다. 중국어로 "좀 기다려", "아직 때가 아니야"라는 뜻이다. 그런데 이 말이 리덩후이의 이름과 발음이 비슷하지 않은가.

'니 덩훨'과 '리덩후이'. 그래서 리덩후이 부총통이 정권을 이어받았다는 우스갯소리다. 그는 직무대행이 끝나고 1990년에는 국민대회에서 간선제 총통으로 정식 선출됐다. 그리고 2000년 5월까지 대만의 제8대, 제9대 총통으로 재임했다. 정식 취임 뒤에는 대만 출신이라서 그랬는지, 대륙에서 건너온 사람들이 주축을 이루던 국민당과는 다른 정책을 많이 펼쳤다. 대만이 오늘날처럼 민주화를 이룬 데에는 리덩후이 전 총통의 결단이 많이 작용했다.

종신직처럼 여겨지고 있던 입법원과 국민대회 해산과 민주선거, 지방자치제 실시, 총통 직선제, 우리나라의 5·18에 비견할만한 2·28사건에 대한 진상조사와 공식 사과 등 연이어 굵직한 조치들을 시행했다.

대륙 중국에 맞서 두 개의 중국이 있다는 폭탄 발언을 하기도 했다. 이 때문에 1990년대 말 대륙에서는 대만과 전쟁 불사 분위기가 조성되기도 했다. 하지만 그는 대만이 독립 국가라는 자신의 소신을 꺾지 않았다.

이 때문에 퇴임 이후에는 대륙을 통일해야 한다는 국민당의 당권파에게 사실상 축출당했다. 퇴임을 하면서도 실제 민주진보당 천수이볜 총통을 지원했다는 게 정설로 굳어져 있다. 하지만 일본을 너무나 좋아했고, 심지어 야스쿠니신사까지 참배하는 바람에 거센 비판을 받기도 했다.

하나의 중국은 별로예요, 차이잉원

대만 차이잉원 총통은 2016년 5월 취임했다. 그는 그해 1월 치러진 총통 선거에 민진당 후보로 출마해서 56.1%의 지지를 받아 총통에 당선됐다. 그보다 4년 전 역시 총통 선거에서 낙선의 아픔을 딛고 재수에 성공한 것이다.

차이잉원은 대만 최초의 여성 총통이다. 그는 대만 독립파이다. 중국과 통일을 반대하고 대만이 독자적인 국가로 자리매김해야 한다는 생각을 갖고 있다. 대만을 중국 영토의 일부라고 생각하는 대륙 입장에서는 도저히 받아들일 수 없는 생각이다.

이 때문에 대륙과 대만 사이의 바다인 대만해협의 긴장도 높아지고 있다. 그럼에도 불구하고 대만과 대륙은 우리 남북한보다는 민간의 왕래와 소통이 훨씬 더 잘 이뤄지고 있다.

1986년 5월 대만의 중화항공 화물기 한 대가 중국 광저우에 착륙했는데, 기장이 대륙에서 살 수 있게 해달라고 요구하는 사건이 벌어졌다. 중국과 대만의 항공 당국이 나서서 협상을 벌였다. 그 결과 화물기, 화물, 그리고 승무원이 다시 돌아올 수 있도록 했다.

이 사건은 대만과 대륙이 분리된 지 37년 만에 처음 있었던 접촉이었다. 그 이후 대만과 대륙은 지속적인 협의를 거쳐 2000

년 12월부터 대만의 진먼다오와 대륙의 푸젠성 사이에 우편, 항행, 무역이 이뤄질 수 있도록 하자는 이른바 '소삼통'을 시행했다.

상대 지역에 거주하는 민간인이 서로 방문하는 데에도 큰 어려움이 없다. 소삼통은 양쪽의 경제 성장에도 적지 않은 도움을 주고 있다. 한쪽에서는 정치적인 이유로 긴장을 높여가고 있지만, 또 다른 쪽에서는 실리를 강조하면서 꾸준한 교류를 계속하고 있다. 남북한 간에도 이런 안정적인 상호 방문과 교류가 시작될 수 있다면 좋겠다.

삼권분립 받고 두 개 더, 오권분립

삼권분립은 행정권, 사법권, 입법권이 서로 견제하면서 독립적으로 행사돼야 한다는 철학을 가진 정부 체제다. 그런데 대만은 삼권분립을 넘어서 '오권분립'을 추구하고 있다. 오권은 도대체 어떤 권력을 더 나누는 걸까?

행정, 입법, 사법은 우리와 똑같다. 그런데 여기에 더해 감찰과 고시 기능이 있다. 이런 취지에 따라 대만은 행정원, 입법원, 사법원, 감찰원, 고시원이라는 오원제를 채택하고 있다. 감찰원은 우리로 보면 감사원에 해당한다. 공무원에 대한 감사와, 회계 감사 등의 역할을 맡고 있다.

고시원이라고 할 때 '고시'라는 단어는 말 그대로 시험이라는 뜻이다. 공무원의 인사 기능을 맡고 있다. 이렇게 감찰과 고시 기능을 추가한 건 중국이 전통적으로 시행해 왔던 관료제를 현대식으로 재해석한 것으로 보인다.

이런 방안은 청 왕조를 무너뜨리고 신해혁명을 성공으로 이끈 지도자 쑨중산에게서 비롯되었다. 그는 이른바 삼민주의, 즉 민족주의, 민권주의, 민생주의를 내세우면서 이걸 정교하게 현실적인 제도로 만들어냈다. 삼민주의를 정부의 조직 속에 녹여낸 결과물이라고 할 수 있다.

그는 특히 정치라는 말을 둘로 나눠서 정권과 치권이라는 표현을 썼다. 정권이라는 말은 국민이 행사할 수 있는 권리인 선거권, 파면권 등을 포함했고, 치권이라는 말은 정부가 통치할 수 있는 권리를 의미했다.

바로 이 치권이라는 개념 아래 오권이 포진하고 있다. 정부의 치권을 다섯으로 나눈 상징은 대만 여러 정부부처의 상징물이기도 한 매화 문양에도 잘 나타나있다. 이 매화 문양이 바로 다섯 장의 꽃잎을 가지고 있다. 이 중 입법원장을 제외하고는 세부적인 절차는 좀 다르긴 하지만 행정원장, 사법원장, 고시원장, 감찰원장 모두 총통이 임명권을 가지고 있다.

여기서도 열심히 싸운다, 대만 입법원

우리 국회는 종종 극렬한 대치를 보여준다. 대만에서도 비슷한 일이 일어나곤 한다. 대만에는 우리 국회에 해당하는 입법원이라는 기관이 있다. 현재 입법위원은 모두 113명으로 여당인 민주진보당이 68명, 국민당을 비롯한 야당과 무소속이 45명으로 구성돼있다.

여당이 절대 다수를 차지하고 있다. 2020년에는 이른바 「반침투법」이라는 법률이 문제가 됐다. 중국어로는 「반삼투법」이라고 한다. 골자는 공직 선거 때, 외부 세력이 개입하는 걸 금지하고 처벌하겠다는 내용이다.

요컨대 외부 세력이라고는 하지만 그 세력이 중국을 가리키는 걸 모르는 사람은 없다. 이런 법률안이 제안된 까닭은 지난 2008년 이후 대만 총통 선거와 중요한 입법위원 선거에 중국 대륙의 자금이 지원됐다는 의혹이 커졌기 때문이다.

모두 12개 조항으로 이뤄진 법률인데, 여당이 적극적으로 입법을 준비했지만 국민당과 야당은 인권 침해 소지가 있다며 격렬하게 반대했다. 최종 표결 상황이 되자 국민당 위원들은 검은 마스크를 쓰고 의장석 앞에 앉아 시위를 벌였다.

그러나 여당의 수적 우세로 찬성 67표, 반대 4표라는 결과로 압도적으로 통과되었다. 대만 국민 중 누구라도 외부 세력의 선거 지원을 받으면 한화 약 4억 원의 벌금이나 5년 이하 징역형에 처해질 수 있다.

조사에 따르면 대만 국민 약 50%는 이 법안에 찬성하고 있고 약 20%가 반대하고 있다. 2020년 1월 11일 총통 선거를 치르기 전에 입법을 강행한 것으로 보인다. 차이잉원 총통은 그해 신년사에서 이 법이 대륙과의 정상적인 교류에는 영향을 미치지 않을 것이라며 반대파를 달래기도 했다.

쏙 들어간 문구, 평화통일

남북이 평화적으로 통일되기를 바라는 마음은 누구나 같을 것이다. 우리나라는 헌법에도 "평화적 통일을 추진한다"라는 조항이 들어있다. 그런데 평화통일을 늘 입에 달고 사는 나라가 또 있다. 바로 중국이다. 중국은 대만과 평화통일을 추진하겠다고 공공연히 말하고 있다.

우리는 스스로 분단국가라고 부르는데, 중국과 대만에서는 이런 표현을 잘 쓰지 않는다. 만일 중국이 분단국가라는 표현을 쓰면 대만을 '국가'로 인정하게 돼서 "중국은 하나"라는 대원칙에 어긋나기 때문이다. 대만에서도 완전한 독립을 원하는 입장에 선 사람들은 통일 자체가 말이 안 되기 때문에 이런 표현을 쓸 필요가 없다.

2020년 중국에서는 코로나 사태 때문에 예년보다 두 달 남짓 늦게 전국인민대표대회, 즉 우리의 국회에 해당하는 기구의 전체회의가 열렸다. 이 회의에서는 리커창 총리가 매년 '정부 업무보고'를 한다. 이 보고 말미에는 대만과의 평화통일에 대한 원칙이 마치 노래 후렴구처럼 상투적으로 언제나 들어있었다. 예를 들면 2019년 보고에서는 "하나의 중국 원칙과 92컨센서스를 지켜나가고 조국의 평화통일을 추진한다"라는 문구가 있었다.

그런데 2020년 보고에는 평화통일 문구가 싹 빠졌다. 그래서 일부 전문가들은 중국의 대만 정책이 기조를 바꾸었다, 평화통일이 아니라 무력에 의한 통일 시나리오를 시작했다고 보고 있다.

차이잉원 대만 총통이 두 번째 임기를 시작한 뒤 그 기조를 대만 독립 쪽으로 기울였기 때문에 이걸 강력하게 견제하려는 포석으로도 보였다. 차이잉원 총통은 중국과 대만이 합의한 '92 컨센서스'도 아예 부정하고 있다.

'92컨센서스'란 1992년 11월에 중국과 대만의 교류를 담당하는 두 기구가 나서서 "중국은 하나"라는 사실을 인정하고, "그 하나의 중국이 뭔지는 각자 알아서 해석하자"라고 합의한 내용을 말한다.

이 원칙이 지금까지는 중국과 대만의 통일을 향해 나가는 중요한 전제였다. 대만 총통이 이걸 더 이상 인정하지 않자 중국에서는 무력 사용도 불사하겠다는 메시지를 던진 것으로 보인다. 대만과 중국의 미래는 어떻게 될까? 남북한 관계만큼이나 복잡하다.

대여기간 99년 만료, 향항

홍콩이라는 도시 이름은 한자로 쓰면 '향항'(香港)이다. '향기 향'(香)에 '항구 항'(港)이다. '향기가 나는 항구'라는 뜻이다. 중국 표준어로 읽으면 '샹강'인데, 홍콩에서 널리 쓰이는 광둥어로 읽으면 '호옹고옹'이 된다. 그래서 그 영어식 표기인 홍콩이 널리 알려지게 됐다.

향기로운 항구라는 이름은 어떻게 붙여졌을까? 가장 유력한 설은 이렇다. 홍콩은 명나라 때부터 근처 도시였던 둥완이라는 곳에 속해있었다. 둥완에서 나는 향이 품질이 좋아서 황제에게 진상되기도 했고, 수출도 많이 됐다. 바로 이 향을 모으고 옮기기 위해서는 항구가 필요했고, 지금의 홍콩이 그 역할을 했다는 것이다.

홍콩은 원래 홍콩섬만을 가리키는 명칭이었다. 1842년 아편전쟁에서 승리한 영국이 홍콩섬을 식민지로 삼았다. 그런데 중국 본토로 진출하려는 계획을 가지고 있던 영국으로서는, 섬에서만 활동하다보니 답답했다. 그래서 1860년과 1898년에 걸쳐 두 번의 조약을 더 맺으면서 내륙 쪽의 카우룽반도와 그 위쪽의 신계 지역, 홍콩섬 주변의 작은 섬들까지 모두 식민지로 가져갔다. 홍콩에는 모두 262개의 섬이 있다고 한다. 결국 이 지역 전체가 홍콩으로 불리게 됐다.

그런데 영국 입장에서는 뼈아픈 실수였을까? 1898년 홍콩을 가져가면서 그걸 '빌려간다'고 표현했고, 그 기간을 99년으로 명시했다. 잠자던 종이호랑이 중국이 깨어난 뒤에 영국에게 줄기차게 돌려달라고 요구를 하게 된 근거다.

중국과 영국은 1982년부터 홍콩 반환에 관한 협상에 들어갔다. 홍콩이 사회주의가 돼버릴 것을 염려한 영국의 대처 수상에게 덩샤오핑이 기발한 아이디어를 냈다. 바로 '일국양제'. 한 나라이지만, 두 체제로 운영하겠다는 뜻이다. 홍콩은 홍콩인이 통치하게 하겠다고 약속한다. 이로 인해 반환 협정이 체결되고 홍콩은 1997년, 아편전쟁 후 155년, 홍콩 전체를 빌리는 조약이 체결된 1898년부터 따지면 꼭 99년 만에 중국으로 돌아갔다.

하나의 나라, 두 가지 체제, 일국양제

요즘 홍콩을 두고 걱정이 많다. 오랫동안 홍콩을 식민 통치해 왔던 영국이 1997년에 물러간 뒤, 그러니까 홍콩이 중국으로 반환된 지 22년 만에 홍콩과 대륙 사이에 본격적인 갈등이 벌어졌다.

1842년 아편전쟁에 진 중국은 영국의 요구대로 홍콩을 내주어야 했다. 앞서 말했듯 영국은 처음에는 홍콩섬만 가져갔지만, 나중에는 대륙 진출을 꾀하기 위해서 섬과 마주한 카오룽반도까지 빌려달라고 요구했다. 1898년의 일이었다. 이때 홍콩을 빌리는 기간을 99년으로 못박았다.

시간이 다가오자 중국은 홍콩을 영국에게 돌려받기 위해 애를 썼다. 1982년 덩샤오핑과 영국 대처 총리가 만나서 협상을 시작했다. 이때 덩샤오핑은 「홍콩문제에 대한 우리의 기본 입장」을 발표했다.

중국은 1997년 홍콩의 주권을 회수했다. 그렇더라도 홍콩이 가지고 있는 특성을 무시하지 않고 지금의 홍콩 제도를 유지하겠다, 중국과 영국 정부가 원만한 협의를 통해서 홍콩을 번영 발전시키기 위해 노력하자는 입장이었다.

이 입장이 바로 1982년 9월 24일 발표가 됐는데, 그 유명한

'일국양제'를 실시하겠다는 선언이었다. 하나의 나라지만, 두 가지 체제를 유지하겠다는 뜻이다. 중국의 제안에 허를 찔린 영국은 더 이상 자기의 논리를 내세우지 못하고 울며 겨자 먹기로 홍콩 반환에 합의하기에 이르렀다.

일국양제는 중국이 홍콩의 주권을 돌려받지만, 홍콩인이 직접 통치하도록 하겠다는 약속이었다. 바로 이 '고도의 자치'가 오늘날까지 홍콩을 홍콩답게 지켜온 대원칙이었다. 이 원칙은 홍콩의 헌법과도 같은 역할을 하는 기본법에도 분명히 명시돼 있다. 물론 1997년부터 50년 동안이라는 시한을 정해두기는 했다. 시진핑은 50년이 되는 2047년 중국의 완전한 통일을 이루겠다고 말하기도 했다.

일국양제는 홍콩에만 적용되는 게 아니라, 포르투갈의 지배를 받았던 마카오를 반환받고 대만을 통일하는 데에도 사용하기 위한 모델이다. 만일 지금처럼 중국 당국이 무력으로 홍콩을 진압하면, 스스로 일국양제를 포기했다고 선언하는 것과 다를 바 없다. 그렇게 되면 중국 입장에서는 홍콩은 물론 대만 통일에 대해서도 명분을 잃을 수밖에 없다.

선망의 도시, 홍콩

우리에게 홍콩은 무엇일까? 우리 사회에는 '홍콩 간다'는 표현이 있다. 언제부터인지 속된 말로 자리 잡았다. 이 말은 어떻게 쓰이게 된 걸까?

크게 두 가지 설이 있다. 하나는 우리가 해외여행을 자주 갈 수 없었던 시절로 거슬러 올라간다. 제2차 세계대전과 한국전쟁이 끝난 1950년대 일이다. 당시 우리에게 외국이라고 하면 저 멀리 미국이나 프랑스, 독일 같은 나라뿐이었다. 바로 옆 나라 일본은 식민 지배국이었으니 교류 자체가 없었던 때이고, 또 다른 옆 나라 중국은 공산당이 차지해버리는 바람에 서해 바다가 넘을 수 없는 경계였다. 북쪽으로는 말할 것도 없었다.

그러다 보니 외국이라는 데를 경험하려면 저 멀리 서양 나라로 날아가는 수밖에 없었는데, 그나마 가까운 곳에 그걸 대체해 줄 도시가 있었다. 바로 홍콩이었다. 영국 식민지였던 홍콩은 서양의 앞선 문화와 황홀한 야경으로 빛나는 도시였다. 그래서 홍콩에 가면 유쾌한 오락을 즐길 수 있다는 데서 비롯됐다는 이야기다.

한편으로는 이런 설도 있다. 1960년대 중반 베트남에서는 전쟁이 계속되고 있었다. 우리도 미국의 요청에 따라 1965년

병력을 파견했다. 당시 우리와 협동 작전을 수행하곤 했던 미군들은 전쟁 중에도 휴가를 갔던 모양이다. 이때 미군들이 해외로 휴가를 나가기도 했는데, 그중 한 곳이 홍콩이었다.

홍콩은 영어가 통하는 데다가 영국의 문화를 가지고 있었기 때문이다. 그런데다 베트남에서 그리 멀지도 않다. 한 시간 반이면 넉넉하게 갈 수 있다. 그러다보니 미군들이 홍콩을 간다는 말은 참전 한국군에게는 선망의 대상이 되었다.

홍콩 가서 신나게 놀고 즐기고 오겠구나 하는 부러움이 퍼져나가면서 '홍콩 간다'는 말이 시작되었다는 설이다. 이렇게 한국 사회는 홍콩이라는 도시를 주로 오락과 유흥의 대상으로만 생각해 왔다. 그러나 여러 해 전부터 시작된 홍콩의 민주화 운동이 우리의 인식을 조금씩 바꾸어주는 계기가 되고 있다.

홍콩을 노래하다, 대중가요

"우리에게 홍콩은 무엇인가"라는 질문은 계속될 필요가 있다. 포털 사이트에서 홍콩의 연관 검색어를 찾아보면, 여행, 명품, 환율, 달러 같은 말들이 가장 많다. 그런데 홍콩에 대한 우리의 관심을 시간을 되돌려 살펴보면 좀 다르다.

"별들이 소근대는 홍콩의 밤거리." 많은 분들이 기억하는 노래다. 1952년 금사향이 부른 〈홍콩아가씨〉라는 노래다. 이 노래는 이국적 분위기의 몽환적인 사랑 이야기다. 1952년이면 한국전쟁이 한창이던 시절인데, 전쟁의 와중에 이런 노래가 발매됐다니 놀랍다.

가사를 보면 홍콩의 밤을 노래하면서 별, 꿈, 꽃 같은 단어들이 등장한다. 꽃을 파는 아가씨라는 말은 결국 사랑을 갈망한다는 의미와 연결된다. 그런가 하면 1965년 이미자가 부른 〈홍콩의 왼손잡이〉라는 노래도 있다. 임원직 감독이 메가폰을 잡고 이예춘, 태현실, 박노식이 열연했던 같은 제목의 영화 OST였다.

"홍콩의 왼손잡이 차라리 만나지나 않았더라면 / 행복이 무엇인지 몰랐을 것을 / 야속히 나를 두고 떠나갈 바엔 / 어이해 내 마음에 그리움을 남겨서 / 밤마다 울게 하는 왼손잡이 사나이" 노래는 이렇게 이어진다.

홍콩과 왼손잡이라는 표현 자체가 무언가 특별한 사람이라는 모습을 나타낸다. 이렇게 1950~60년대 한국 대중가요에 나타난 홍콩은 이국적이고 일상적이지 않은 도시였다. 그런데 그 이후 40년이 넘도록 홍콩이라는 말은 우리 대중가요에서 사라진다.

그러다가 1990년대 말부터 갑자기 홍콩이 다시 노랫말로 등장했다. 1998년 펑크 플로이드가 부른 〈홍콩반점 둘째 딸〉, 2005년 이선규가 부른 〈홍콩의 밤〉, 2006년 양동근이 부른 〈홍콩 가자〉라는 노래가 대표적이다.

〈홍콩반점 둘째 딸〉은 말 그대로 홍콩반점이라는 중국집 둘째 딸에 반해버린 이야기를 한다. 〈홍콩의 밤〉은 중국풍의 가벼운 리듬으로 사랑을 찾는 이야기다. 하지만 이 노래에는 정작 '홍콩'이라는 가사는 등장하지 않는다.

그런가하면 양동근의 〈홍콩 가자〉는 아주 외설적인 가사로 일관된 노래다. 1950~60년대 우리가 노래했던 홍콩이 좀더 직설적인 의미였다면, 이렇게 시간을 뛰어넘어 우리 대중가요에 다시 찾아온 '홍콩'은 무언가 비유적인 의미로 가득 차있다.

한국이 사랑했던 배우, 성룡

홍콩영화를 대표하는 배우를 한 명만 말해보라면 누구를 꼽을 수 있을까? 유덕화, 주윤발, 장국영, 매염방, 장만옥 등등. 뭐 우리 시대를 빛낸 배우가 어디 한둘일까. 그중에서도 성룡, 일명 재키찬은 오래도록 스타로 활약했다.

성룡은 홍콩을 빛낸 배우이자 감독이다. 1954년 4월 7일 태어났다. 환갑을 훌쩍 넘겨 벌써 일흔의 나이를 앞두고 있다. 그래도 영원한 현역으로 활동하고 있다. 〈소권괴초〉, 〈사제출마〉, 〈프로젝트A〉, 〈폴리스 스토리〉, 〈용형호제〉 등 끝없이 이어지는 영화 목록을 보면, 정말 대단하다는 생각이 든다.

홍콩 액션은 1970년대 초, 무협영화의 뒤를 잇는 이소룡이 등장하면서 일대 전환을 맞이했다. 전통적인 복장의 칼싸움이 아니라 쿵푸라는 새로운 형식의 액션이 관객을 사로잡았다. 하지만 이소룡은 안타깝게도 요절하고 말았다.

홍콩영화계는 이소룡이 일으킨 쿵푸의 붐을 이어갈 배우가 필요했다. 그 때 등장한 사람이 바로 성룡이었다. 그런데 성룡은 이소룡처럼 진지하지 않았다. 쿵푸에다가 홍콩영화의 또 다른 전통인 코미디를 덧입혔다.

그래서 성룡만의 독특한 스타일은 코믹쿵푸 장르가 태어났다. 하늘과 땅과 바다를 자유자재로 넘나들면서 부드러운 액션을 선보이는 성룡의 영화는 누구나 즐길 수 있는 콘텐츠였다. 한때는 우리나라 TV 방송국들이 추석만 되면 온가족이 함께 볼 수 있는 영화를 고르느라 성룡 영화를 지겹도록 틀어주기도 했었다.

그래서 성룡 영화가 나온다고 하면 '아, 추석이 됐구나'하고 생각할 정도였다. 아닌 게 아니라 성룡은 우리나라와도 인연이 많다. 1970년대 말, 무명배우였던 시절에 가난한 배우로 충무로를 전전하면서 한국과 홍콩 합작영화를 찍기도 했다.

충무로 뒷골목에서 라면과 육개장을 많이 먹었다고 전해진다. 그래서 서바이벌 한국어도 할 줄 안다고 알려져있다. 요즘에는 지나치게 중국 대륙을 편드는 언행을 하는 바람에 팬덤이 예전 같지만은 않다. 그래도 우리 시대를 대표하는 홍콩 배우임에는 틀림없다.

중국의 밤을 통치한 제왕, 덩리쥔

중국 하면 떠오르는 아주 상징적인 노래가 바로 〈첨밀밀〉, 즉 〈톈미미〉다. 중국에도 다른 스타일 노래가 많은데 이 노래가 워낙 널리 알려지다 보니 중국을 대표하는 것처럼 돼 버렸다. 하지만 이 노래는 인도네시아 민요를 개사했다고 한다.

〈톈미미〉에서 '톈'(甜)은 '달다'는 뜻이고, '미'(蜜)는 '꿀'이라는 뜻이다. '미미'라고 두 번 반복됐으니까 '꿀꿀'이라는 뜻일까? 그만큼 달콤하다는 걸 강조하는 뜻이다.

영어에 '허니'라는 단어가 있는데 그보다 더 달콤한 느낌이다. 이제 막 눈에 콩깍지가 씌운 연인들은 서로 꿀처럼 달콤한 사랑을 주고받는다. '첨밀밀'은 이렇게 알콩달콩한 연인 사이,

깨까 쏟아지는 상황을 나타낸다.

이 노래는 덩리쥔(鄧麗君, 등려군)이라는 가수가 불렀다. 덩리쥔은 우리나라의 가수 이미자 정도에 비견할 수 있을 것 같다. 대만에서 태어나서 1970년대 이후에 일본, 홍콩, 중국, 싱가포르 등 아시아를 무대로 활약했다.

세례명인 테레사 텡으로 불리기도 했다. 1980년대 초반에 중국 대륙에서도 개방의 물결과 함께 덩리쥔의 노래가 큰 인기를 끌었다. 딱딱한 혁명가요 일색이던 중국 노래에 갑자기 감미로운 멜로디가 들어오자 많은 사람이 좋아했다.

그 인기가 어느 정도였냐 하면, 당시 중국의 최고지도자 덩샤오핑을 빗대서 "중국의 낮은 덩샤오핑이 통치하지만, 중국의 밤은 덩리쥔이 다스린다"라는 말까지 있을 정도였다. 그러나 중국 당국은 덩리쥔이 주로 부른 노래가 일제가 세운 만주국 시절 이향란이라는 배우가 불렀던 것들이어서 금지 조치를 취했다.

1987년 대만이 계엄을 해제하고 대륙과의 관계가 개선되면서 금지는 풀리지만, 대륙에서 끝내 공연을 하지는 못했다. 그는 1995년 마흔셋의 나이에 태국 치앙마이 호텔에서 천식 발작으로 숨을 거두었다. 홍콩영화 〈첨밀밀〉의 제목도 바로 이 노래에서 빌려온 것이다.

홍콩에서 살기는 어려워, 첨밀밀

〈첨밀밀〉은 장만옥과 여명이 주연을 맡아서 끊어질 듯 이어지는 인연과 사랑을 그린 영화로 유명하다. 잔잔하고 애틋한 이야기라서 그런지 우리 관객도 많이 좋아했다.

때는 1986년, 장만옥이 맡은 역할 이요와 여명이 맡은 역할 소군이 같은 날 상하이에서 홍콩에 도착한다. 물론 이들이 같은 날 도착한다는 건 영화 후반부에서야 밝혀진다. 꿈을 찾아 상하이에서 홍콩으로 일거리를 찾아오는 젊은이들. 두 도시의 관계가 역전된 상황을 알 수 있다.

사실 상하이나 홍콩 모두 1842년 아편전쟁, 그러니까 중국이 영국과의 전쟁에서 패배한 뒤에 맺은 난징조약으로 개항을 하고 발전한 도시였다. 영국은 원래 중국의 허리쯤에 있는 상하이를 내놓으라고 요구했다. 장강을 통해서 중국 내륙으로 들어가기가 좋았기 때문이다. 그러나 그것만은 안 된다는 중국의 반발로 홍콩을 가져갔다.

상하이는 영국, 미국, 프랑스가 땅을 빌려 조계지로 만들어 버렸다. 상하이는 백 년도 안 돼서 동양 최대의 도시로 성장했다. 홍콩은 영국령이기는 했지만, 지리적 위치 때문에 그렇게 주목받지 못했다.

1930년대 중국의 도시는 당시 국민당 정부의 수도였던 난경이 으뜸, 상하이가 그 다음, 홍콩은 사실 '듣보잡'이었다. 상하이 사람들은 홍콩 사람을 '촌놈' 취급하기 일쑤였다. 그러다 대륙이 사회주의로 바뀌고, 상하이는 정체된 도시로 머무르게 됐다.

우여곡절 끝에 개혁개방이 시작되면서 '돈의 맛'을 알게 된 중국인들은 그사이 엄청나게 발전한 홍콩으로 눈을 돌리게 됐다. 1980년대에는 돈을 벌고 싶은 대륙 사람들이 '홍콩드림'을 앞세워 물밀듯이 홍콩으로 밀려들었다.

〈첨밀밀〉의 소군과 이요도 그런 경우였다. 홍콩은 불법적으로 들어오는 대륙 사람들 때문에 골치가 아팠고 1987년 이후에는 홍콩에서 7년 이상을 산 사람들에게만 홍콩인이라는 법적 지위를 인정했다.

결국은 통과, 홍콩 보안법

2020년 5월, 홍콩 국가보안법이 통과됐다. 중국 전국인민대표대회 제13기 3차 회의 폐막식에서였다. 모두 2885표 중에서 찬성 2878표, 반대 1표, 기권 6표, 압도적인 표차였다.

전국인민대표대회, 줄여서 '전인대'에는 홍콩을 대표하는 위원들도 있는데, 이들도 모두 찬성표를 던졌다. 반대표 1표는 누가 던졌을까? 안건이 만장일치로 통과가 되면 좀 부담스러울 수가 있다. 민주주의에서 만장일치라는 건 좀 어렵기 때문이다. 그래서 전인대는 미리 반대할 사람, 기권할 사람들을 정해 놓는다는 설까지 있다.

　　국제 사회의 우려에도 불구하고 중국은 이 법을 통과시켰다. 그 내용은 이렇다. 국가 전복, 국가 분열, 테러, 외부 세력의 개입 등을 예방, 금지, 처벌하겠다는 것이다. 홍콩의 행정장관은 정기적으로 관련 상황을 중국 정부에 보고해야 한다. 사실 이 법은 이미 지난 2003년에 홍콩 정부가 입법을 시도한 바 있다. 당시 사스가 대대적으로 유행하고 있는 상황에서 시민들의 엄청난 반대에 부딪히면서 철회된 적이 있다. 이런 경험 때문에 이번에는 홍콩 정부가 나서지 않고 중국 정부가 나서서 법을 만들었다. 정확하게 말하면, 홍콩의 「기본법」이 있는데, 이 법 23조에 이미 반국가 행위를 금지한다는 조항이 있다. 그런데 이 조항을 위반하더라도 처벌할 수 있는 근거가 없다. 그래서 그 근거를 마련한 것이다.

　　홍콩에서 법을 만드는 일은 역시 홍콩 기본법에 따라서 홍콩이 자체적으로 해야만 한다. 이른바 '일국양제', 한 나라지만 두 가지 제도를 운영한다는 원칙 때문에 중국이 홍콩 법률을 이래라 저래라 할 수 없다. 그래서 중국은 꼼수를 썼다. 홍콩 기본법에 대한 해석권을 전인대가 가지고 있는데, 그 해석권을 행사하면서 반국가적인 개인 행위나 집단행동을 처벌하라는 부칙 조항을 넣은 것이다. 이런 결정에 따라서 홍콩 기본법 부칙에 반국가 행위에 대한 처벌을 전인대의 결정에 따른다는 내용을 써넣게 됐다.

법이 통과된 결정적 계기는 2019년부터 계속된 홍콩의 민주화 시위 때문이었다. 중국에 반대하는 사람들을 그냥 두지 않겠다는 뜻이었다. 중국은 홍콩 시위에 직접 개입할 수 있는 발판을 만들었다. 홍콩은 이제 어디로 가게 될까?

실패한 홍콩의 직선제 시위, 우산혁명

21세기 이후 홍콩에선 대규모 시위가 계속됐다. 2003년에는 둥젠화 당시 행정장관이 국가보안법 제정을 추진한다고 밝히면서 홍콩 반환기념일인 7월 1일, 50만 명이 시위를 벌였다. 둥젠화 장관은 시위에 아랑곳하지 않았지만, '민간인권전선'이라는 재야단체 연대기구가 다시 시위를 벌이겠다고 발표하자 법률 제정을 취소했다.

2014년에는 홍콩 행정장관 선거에서 직선제를 요구해 쟁취하지만 기이한 방식의 직선제 때문에 대학생을 중심으로 시위에 나섰다. 당시 홍콩 행정장관은 간선제였는데, 재야의 끈질긴 요구로 2017년부터 직선제를 실시하기로 결정됐다.

그런데 직선제 후보를 낼 수 있는 자격은 중국의 국회 격인 전국인민대표대회만이 가지게 됐다. 2~3명 정도 후보를 내서 내려보내면, 홍콩인은 1인 1표를 행사하되, 그중에서 1명을 뽑으라는 것이었다.

여기에 분노한 홍콩 대학생이 중심이 되어 2014년 9월부터 이른바 "센트럴을 점령하라"라는 구호를 내걸고 시위를 벌였다. 홍콩 경찰이 최루탄으로 대응하자 시위에 참여하는 인원이 더 늘어났다. 시위대는 최루탄을 막기 위해서 우산을 들고 나왔다. 이 때문에 당시 시위는 '우산혁명'이라고 불렸다.

당시 홍콩장관 직선제는 결과적으로 없던 일이 되었다. 지금도 홍콩 행정장관은 간선제로 선출한다. 선거인단은 모두 1200명으로 구성된다. 금융권 인사 300명, 변호사나 교사 같은 전문가 그룹 300명, 노동자나 서비스업 그룹 300명, 홍콩과 중국의 정치인 그룹 300명이다.

이 선거인단을 뽑을 수 있는 인원수도 홍콩인 중 대표권을 가진 25만 명에 불과하다. 간선제 중에서도 한 단계가 더 있는 간선제인 셈이다. 1200명의 구성을 보면 언제나 친중파 인사가

3분의 2를 넘을 수밖에 없는 구조를 가지고 있다. 홍콩인이 분노하는 또 다른 이유다.

홍콩은 왜 분노하는가? 범죄인 송환법

2019년 홍콩에서 대규모 시위가 일어났다. 범죄인을 중국 대륙으로 송환할 수 있는 법률을 만들려는 홍콩 행정 당국의 시도 때문이었다. 시위에는 최대 200만 명이 참가했다. 홍콩 거주 인구가 740만 명 정도 되니까 4분의 1이 넘는 숫자가 시위에 참여한 것이다.

범죄인을 중국 대륙으로 보내면, 정치적인 이유로 체포된 사람도 마음대로 중국으로 보내려고 하는 것 아니냐 하는 우려 때문에 촉발된 시위였다. 시위에 놀란 홍콩 행정장관 캐리람은 범죄인 송환법을 연기하겠다고 밝혔지만, 홍콩인의 분노는 가라앉지 않았다.

사실 이런 상황은 단순히 범죄인 송환이라는 문제 때문이라고만 보기는 어렵다. 홍콩은 150년 넘게 영국의 식민지로 지내다가 1997년 중국에 반환되었다. 홍콩을 돌려주지 않으려고 하는 영국 때문에 애를 먹고 있던 중국은 덩샤오핑이 '일국양제'

를 운영하겠다는 말로 영국을 설득했다. 그러면서 홍콩에 고도의 자치를 허용하고 홍콩인이 홍콩을 통치하는 '항인치항' 정책을 펼쳐나가겠다고 했다. 그런데 문제는 거기에 시점을 연동한 것이다. 일국양제 정책과 자본주의 생활방식을 50년만 계속한다는 것이었다.

50년이라면, 홍콩 반환 시점부터 따져보면 2047년이 된다. 시간은 흘러만 가고 있다. 이제 30년도 채 남지 않았다. 그런데 그사이 중국 정부는 홍콩인에 의한 홍콩 통치, 고도의 자치를 훼손하는 일을 적지 않게 벌였다.

행정은 물론 입법, 사법권을 친중파 인사들을 통해 장악하고 반중파 지식인들을 대학에서 내몰고, 중국식 사고방식을 주입하기 위해 애쓰고 있다. 2047년에는 완전히 중국이 되기 때문에, 영국식 자유와 민주주의, 자본주의에 익숙한 홍콩인들은 후손들에게 그런 원칙이 무너진 사회를 물려줄 수도 있다는 불안감을 표출할 수밖에 없었다.

이 때문에 홍콩인은 분노하면서 불안해한다.

홍콩의 다윗, 조슈아 웡

성경을 보면 이스라엘이 블레셋이라는 나라와 전쟁을 할 때, 소년 다윗은 거인 골리앗에 맞서 싸운다. 아무것도 가진 것 없는 약한 사람이 힘센 권력에 맞서 싸우는 일을 비유할 때 자주 등장하는 이야기다.

홍콩의 다윗이 있다. 홍콩의 국가보안법이 통과되면서 긴장이 고조된 상황에서 주목받은 인물이다. 홍콩 민주화를 위해 앞장서 싸운 소년 다윗, 조슈아 웡도 바빠지기 시작했다. 조슈아 웡은 1996년에 태어났다.

그는 열일곱 살 때부터 홍콩에 대한 중국의 간섭에 항의하며 민주화 운동을 펼쳤다. 2011년에는 '학민사조'라는 중고등학생 중심의 운동 조직을 만들기도 했다. 우리에게는 잘 알려지지 않았지만, 중국이 2012년 애국심을 고취하겠다며 홍콩 학생을 대상으로 한 '국민교육계획'을 발표했는데, 학민사조는 이에 대해 대대적인 반대 운동을 펼쳤다. 2014년 우산운동에도 적극적으로 참여했다. 그 이후에는 학민사조를 해체하고 데모시스토라는 정당을 창당해서 사무총장을 맡아왔다. 어린 소년에서 청년으로 성장했지만 그의 짧은 삶은 체포, 구금, 구속의 연속이었다. 심지어 길을 가다가 모르는 사람에게 폭행을 당하기도 했다.

중국에서는 조슈아 웡을 두고 매국노라며 엄청난 비난을 퍼부어댔다. 하지만 동시에 세계 유수 언론에 의해 '세계에서 가장 영향력 있는 10대', '올해의 청년' 같은 칭호를 받기도 했다. 한 청년의 삶을 두고 이렇게 상반된 평가를 내리는 현실이 씁쓸하다.

조슈아 웡은 우리 정부가 홍콩 민주화에 대해 관심을 갖고 입장을 밝혀달라고 거듭 요청하기도 했다. 그 때문에 최근에는 윤상현 의원이 그와 만나기로 했다는 보도가 주목을 받기도 했는데, 조슈아 웡은 그런 일 없다며 "가짜뉴스"라고 밝히기도 했다.

그의 요구사항은 단순하다. 홍콩이 특별행정구인 만큼 자유 직선제를 통해 행정장관을 뽑아야 한다는 것이다. 우리나라 민주화 운동을 떠올리게 하는 대목이다. 최근에는 조슈아 웡이 직접 쓴 에세이를 모은 책, 『나는 좁은 길이 아니다: 홍콩 민주화 운동과 나의 18세』라는 책이 출간돼 화제를 모으기도 했다. 이 책에서 웡은 이렇게 말한다. "사실, 순응이냐 저항이냐는 한 끗 차이다." 어쩌다 보니 지금, 홍콩에서 태어난 자신의 삶에 대한 고백이다.

미국과의 무역전쟁을 위해 필요한 것, 드라마

요즘 중국은 미국과 무역전쟁이 한창이다. '전쟁'이라고 표현할 만큼 미국과 중국 두 나라가 한 치도 양보하지 않는 상황이다. 전쟁에서 가장 중요한 건 뭘까? 역시 돈이겠다. 돈이 있어야 전쟁도 이길 수 있다. 무기도 사야지, 병사들 밥도 먹여야지, 돈 없으면 전쟁도 못 한다. 그리고 만만치 않게 중요한 게 또 있다. 바로 '여론'이다. 어떤 전쟁에 대해서 여론 또는 민심이 돌아서면 그 전쟁을 계속하기가 어렵다. 전쟁은 내부의 결속을 전제로 해서 바깥의 적과 싸우는 행위이기 때문이다.

중국은 미국과의 무역전쟁을 치르면서 내부 여론 단속에 적극 나서고 있다. 미국을 소재로 한 텔레비전 드라마가 방영이 취소되는가 하면, 한국전쟁을 다룬 옛날 영화가 집중 상영되고 있다. 아빠를 데리고 미국에 유학을 간다는 설정의 드라마 〈아빠 데리고 유학을〉이라는 드라마는 미국 장면이 많이 등장한다. 인터넷 동영상 사이트에서 방송되기로 했는데 소리소문없이 취소되었다. 그런가 하면 중국중앙방송(CCTV)의 영화 전문 채널에서는 한국전쟁을 소재로 한 영화를 계속 방영하기도 했다. 저녁 황금 시간대에, 그것도 1950~60년대에 만들어진 영화들, 벌써 50년도 더 지난 옛날 영화를 방영한 것이다. 〈영웅아

녀), 〈상감령〉, 〈기습〉 같은 영화들이다. 모두 중국군이 참전한 한국전쟁의 전투를 보여주고 있다. 중국에서는 한국전쟁을 '항미원조전쟁', 즉 미국에 저항하고 '조선'(북한)을 지원하는 전쟁이라고 부른다.

무역전쟁의 와중에 한국전쟁을 꺼내든 이유가 뭘까? 당연히 미국을 1차로 겨냥한 것이다. 그런데 이면에는 이 전쟁은 북한 문제와도 연결돼있다. '전쟁'이 계속되면 북한 문제 해결이 쉽지 않으리라는 메시지를 던지는 것이다. 물론 우리와도 연결돼있다. 한국은 중국과 미국 사이에서 더욱 곤란해질 수밖에 없다.

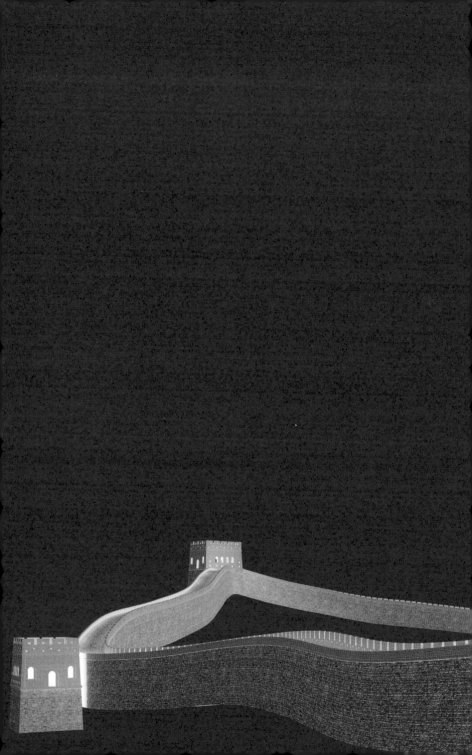

8

중국의 적과
이웃들

"닉슨이 중국에 간다", 핑퐁외교

중국과 미국은 최근 별로 사이좋게 지낸 기억이 없다. 미국이 2020년 7월 휴스턴의 중국총영사관을 폐쇄하라고 요구하면서 두 나라 갈등은 최고조로 치달았다. 미국은 중국이 도가 넘는 정보활동을 했다고 주장한다. 일설에 의하면 중국이 코로나 백신과 관련한 정보를 빼내려고 했단다.

중국도 가만히 있을 수는 없다. 쓰촨성 청두에 있는 미국 총영사관을 폐쇄하라고 요구했다. 외교 관계는 눈에는 눈, 이에는 이라는 법칙이 지켜지는 만큼 예고된 수순이었다. 경제부터 정치, 외교 영역을 가리지 않고 이어지는 중국과 미국의 갈등이 언제까지 계속될지 알 수 없다.

하지만 두 나라 사이가 꽤 좋았던 적도 있다. 특히 핑퐁외교는 양국이 국교를 수립하는 과정에서 보여준 문화외교로 높이 평가받았다. 때는 1971년이었다. 일본 나고야에서 세계탁구선수권대회가 열렸는데, 여기 참가한 미국 선수들이 대회가 끝난 뒤 중국의 초청을 받았다. 선수들은 저우언라이 총리를 면담하고 여러 도시를 다니면서 친선경기를 펼쳤다. 한국전쟁의 두 주역으로 여전히 적대국이었지만, 미국의 닉슨 정부와 중국의 마오쩌둥 정권이 관계 개선의 필요에 동의했기 때문이다. 탁구로 불어오기 시작한 훈풍을 타고 헨리 키신저 미국 국가안보담당 보좌관이 비밀리에 중국을 찾았고, 그해 11월에는 대만이 유엔에서 축출당하는 사건이 일어났다. 두 나라는 관계 개선을 위한 벽돌을 하나씩 쌓아갔다.

이듬해인 1972년, 닉슨 미국 대통령이 중국에 도착해 마오쩌둥을 만났다. 이 때문에 영어에는 "닉슨이 중국에 간다"(Nixon goes to China)라는 말이 생겨났다. 서로 좋지 않은 관계를 과감한 결단으로 풀어낸다는 관용표현으로 굳어졌다. 두 나라는 「상하이 성명」을 발표하면서 외교 관계 수립을 희망했다. 이런 분위기 덕에 그해에 중국과 일본이 먼저 수교를 하게 됐다. 중국과 미국은 1979년, '하나의 중국' 원칙에 합의하면서 대만과 단교하고 공식 외교 관계를 수립했다.

요즘에는 두 나라가 언제 그랬느냐며 으르렁거리기만 하고 있다. 21세기 스타일의 핑퐁외교가 재연되기를 기대하기는 아직 좀 이른 듯하다.

펀치를 주고받은 중국과 미국, 타이베이법

중국과 미국의 갈등이 곳곳에서 드러나고 있다. 2019년부터 격화된 무역전쟁부터 코로나 책임론까지 말도 많고 탈도 많다. 2020년에는 대만 문제를 두고 미국과 중국이 서로 한 방씩 펀치를 날렸다.

선공은 미국 트럼프 대통령이 시작했다. 미국 의회를 일찌 감치 통과한 「대만 동맹 국제 보호 강화법」이라는 법안에 서명했다. 공교롭게도 이 법은 영어로 「타이베이법」이라고 불린다. 타이베이(Taipei)는 대만의 수도다. 법 이름의 첫머리 글자(Taiwan Allies International Protection and Enhancement Initiative Act)를 따서 이런 약칭이 붙었다고 한다. 「타이베이법」은 미국 하원과 상원에서 모두 만장일치로 통과되었다. 그만큼 미국 내에서는 이 법의 필요성에 공감하고 있다. 법은 대만의 안전과 번영에 부적절한 영향을 미치는 국가에 대해 경제, 외교 관계를 재고할 수 있다는 기조에 따라 만들어졌다. 누가 봐도 중국을 겨냥한 표현이 아닐 수 없다. 거기다 대만이 다른 나라와 동맹을 맺도록 도와주고 또 그동안 중국 눈치 보느라 힘겨웠던 국제기구 가입도 지원하겠다는 내용도 들어있다.

중국은 '하나의 중국' 원칙을 어겼다면서 강력하게 반발하고 있다. 미국은 사실 그동안「대만관계법」,「대만여행법」같은 법안을 제정하면서 조금씩 중국을 자극해 왔다. 중국은 자국에 들어와 있는 뉴욕타임즈를 비롯한 세 언론사의 미국 기자를 추방했다. 기자를 추방한 건 물론 미국이 중국 언론사 직원을 감축한 데 대한 맞대응 조치이긴 했다. 그러나「타이베이법」통과로 두 나라 관계가 불편해지면서 이런 식으로 서로 펀치를 주고받는 것이다.

대만은 표정 관리 중이다. 추방당한 미국 기자에게 대만으로 오라고 노골적으로 손짓을 했다. 대만은 외교 관계를 맺어오던 나라들이 잇따라 단교를 선언하면서 궁지에 몰려있었는데,「타이베이법」이 천군만마처럼 여겨졌을 것이다.

하지만 미국이 정말로 중국을 제치고 대만과 긴밀한 관계를 이어갈지는 모르겠다. 대만은 영원한 중국의 숙제이기 때문에, 미국은 중국을 골탕 먹이기 위해서 언제든 대만을 활용할 수 있다는 속내를 감추지 않고 있다.

인도와 중국 두 거인의 주먹다짐, 맥마흔라인

2020년 10월, 중국과 인도가 한판 크게 붙었다. 두 나라 국경 지역인 히말라야산맥의 라다크라 지역의 갈완이라는 계곡에서 사건이 벌어졌다. 보도에 따르면, 인도 군인이 20명 이상 사망하고 또 많은 수가 다쳤다. 중국 쪽에서도 40명 이상이 사상당했다고 알려졌다. 그런데 총이나 대포를 동원한 게 아니라, 돌과 몽둥이를 가지고 말 그대로 육박전을 벌였다고 한다. 국경 지역에서 충돌이 자주 일어나다 보니 아예 양쪽 군대가 무장을 하지 않기로 한 약속 때문이란다.

이런 충돌은 처음이 아니다. 1962년에는 국경 지역에서 32일 동안 전쟁이 벌어지기도 했다. 해발 4천m가 넘는 지역이기 때문에 역사상 가장 높은 장소에서 벌어진 전쟁으로 전해지고 있다. 결과는 중국의 압승이었다. 당시 중국은 정확한 국경을 선언하지 않고 휴전을 하자며 물러났다. 거기엔 역사적 이유가 있다. 두 나라 사이 국경은 영국이 인도를 통치하던 시절 설정해 놓았기 때문이다.

인도에 붙어있던 티베트가 1913년 독립을 선언하자 영국이 그 선언을 승인했다. 그러고는 영국 외교관이었던 맥마흔이라는 사람의 이름을 따서 설정한 맥마흔라인을 국경으로 삼았다.

중국은 그것을 인정하지 않았고, 맥마흔라인은 오랫동안 분쟁의 씨앗으로 자라났다. 이후 두 나라 국경 지대에서는 크고 작은 싸움이 계속돼왔다. 중국이 보기에 인도와의 국경선은 합의 없이 생겨난 데다, 티베트라는 예민한 문제를 안고 있다. 그래서 중국은 도로를 닦는 등 이 지역을 관리해 왔다. 거기에 인도도 가만히 있을 수 없었던지라 도로와 공항을 세우면서 양쪽의 긴장이 높아졌다. 미국이 나서 인도-태평양전략을 통해 중국을 압박하는 상황도 영향을 미쳤다고 보인다. 하지만 두 나라 모두 싸움이 확전되기를 바라지는 않고 있다. 2020년의 충돌에서도 양국 외교장관의 긴급 전화통화로 상황을 마무리지었다.

중국은 넓은 국토 때문에 모두 14개 나라하고 국경을 맞대고 있다. 북한, 러시아, 몽골부터 미얀마, 라오스, 베트남까지 국경선이 이어져있어서 크고 작은 국경분쟁이 끊이질 않는다.

자, 누가 엉덩이를 맞았지? 중월전쟁

북한 김정은 위원장이 미국 트럼프 대통령을 만나러 베트남으로 향하면서 기차를 타고 중국-베트남 국경을 통과해서 화제가 된 적이 있다. 중국은 땅이 워낙 넓기 때문에 주변에 많은 나라와 국경을 맞대고 있다. 모두 14개 나라다. 북쪽으로는 몽골, 러시아, 서쪽에는 카자흐스탄, 키르기스스탄, 남쪽으로는 인도, 네팔, 베트남 등과 맞닿는다. 여러 나라와 맞대고 살다 보니 분쟁이 끊이질 않는다.

베트남과는 앙숙이라 해도 과언이 아니다. 둘 다 사회주의 나라인데 어쩌다 그렇게 됐을까? 2차 대전이 끝나고 북베트남에 공산 정권이 들어섰다. 처음에는 사이가 좋았다. 그러다 1979년, 중국과 베트남이 전쟁으로 맞붙었다. 베트남이 소련의 입장을 지지하고 캄보디아 크메르루주 정권을 몰아친 상황 때문에 중국은 몹시 불편했다. 당시 중국은 소련과 사이가 좋지 않았고, 캄보디아와는 친했기 때문에 아무리 사회주의라 해도 적의 친구는 적, 친구의 적은 적으로 간주한 것이다.

1979년 1월 1일, 중국은 미국과 역사적인 수교를 했고, 1월 8일에는 저우언라이 총리가 사망하는 등 나라 안팎으로 어수선한 시기였다. 그런데도 그해 1월 말부터 2월 초 미국을 방문한 덩샤오핑은 베트남이 말을 듣지 않으니 "엉덩이를 좀 때려줘야겠다"라고 얘기하고서는 돌아오자마자 침공을 감행했다. 국지전이 벌어졌다. 전쟁은 한 달 동안 계속되었다. 중국군 20만 명이 참여해서 최대 2만 6천 명이 사망하고, 베트남군 25만 명 가운데 6만 명이 넘게 사상했다는 통계가 있다. 중국은 거듭되는 피해에 급히 철수를 결정했다. 실제로 중국은 아무것도 얻는 것

없이 물러났다.

베트남은 2차 대전 이후 프랑스, 미국, 중국이라는 강대국에 맞서 싸워 모두 승리했다는 자부심을 갖게 됐다. 두 나라는 1991년 국교를 수립할 때까지 크고 작은 전투를 계속했다. 같은 사회주의면서도 40년 넘게 앙숙으로 지냈던 것이다. 중국에 대한 베트남인의 감정은 지금도 그리 좋지 않다.

중국이 싫어요, 아프리카의 중국 자본

남아프리카공화국에서 파는 생수의 상표가 '중국산이 아닙니다', '메이드 인 차이나가 아닙니다'라는 보도가 전해진 적이 있다. 아예 생수를 만드는 회사 이름도 '메이드 인 차이나가 아닙니다'라고 한다. 아프리카에서 쓰는 대부분의 상품에 '메이드 인 차이나'가 찍혀있다 보니 차별화를 위해서 그랬다고 한다. 아프리카인의 일상을 속속들이 파고드는 중국이 마음에 들지 않았던 모양이다.

중국은 그동안 아프리카에 정성을 쏟았다. 중국은 외교 관계를 맺는 나라의 숫자 때문에 1950년대부터 대만과 경쟁을 했다. 그때부터 이미 아프리카 나라에 접근하고 있었다. 2차 대전 이후 대부분 신생 독립국이 된 아프리카 나라들은 경제력이 취약했다. 이런 나라들에 중국은 경제 원조를 퍼붓기 시작했다. 1956년에는 이집트에 약 230억 원을 원조했다. 1970년대에는 아프리카 38개국과 외교 관계를 맺었다. 유엔에서 대만을 쫓아내고 상임이사국 자리를 차지하는데 아프리카 나라들이 큰 도움이 되었다.

중국 경제가 급성장한 1990년대에는 아프리카에 대한 지원을 더욱 늘렸다. 그런데 당시부터는 대만이 문제가 아니라 미국을 겨냥했다. 중국이 세계의 패권국이 되겠다는 목표를 아프리카가 도와줄 수 있다고 생각한 것이다. 그 뒤 많은 중국인이 아프리카에 건너가서 자리를 잡고 살게 됐다. 약 75만 명의 중국인이 아프리카에서 산다. 그중 30만 명이 남아프리카에 거주한다. 최근 통계로 중국은 아프리카 60개 나라 중 53개와 외교 관계를 맺고 있다. 경제 원조뿐만 아니라 군사, 문화 원조도 규모가 커지고 있다.

하지만 시간이 갈수록 아프리카 사람들도 중국의 원조가 공짜가 아니라는 사실을 깨닫고 있다. 아프리카인을 무시하는 듯한 일부 중국인들의 태도와 집단주의를 강조하는 중국 문화를 불편해하기도 한다. 중국 생수를 먹지 않겠다는 의지의 표현이 일면 이해가 되는 것도 사실이다.

왕조냐 아침이냐, 조선의 발음법

우리는 북한을 말 그대로 '북한'이라고 부른다. 중국에서는 북한을 '조선'이라고 부른다. 북한의 대내외 명칭을 따라서 불러주는 것이다. 북한과 중국은 사회주의 국가이고, 또 한국전쟁 때도 한편이었기 때문에 우리가 생각하는 것 이상으로 가까운 관계를 유지하고 있다. 특히 한국전쟁을 두고 중국은 '항미원조', 미국에 대항해서 '조선'을 지원하는 전쟁이라고 부르기도 한다. 이때 '조선'이라는 말은 조선왕조라고 할 때의 조선과 한자가 똑같다.

문제는 바로 이 '조선'이라는 말의 중국어 발음이다. 중국어로 '조선'은 '차오셴'(朝鮮)이라고 한다. 조선왕조를 세운 이성계는 명나라에 사신을 보내 당시 홍무황제에게 나라 이름을 낙점해 달라고 요청했다. 두 가지 이름 후보를 가져갔는데, 하나가 조선이고 다른 하나는 화령(和寧)이었다. 화령에서 '화'(和)는 '조화'라는 뜻이고, '령'(寧)은 '평안하다'는 뜻이다. 화령은 함경남도 영흥이라는 곳의 옛 이름으로, 바로 이성계의 고향이었다. 홍무제는 너무도 당연하게 조선을 선택했다. 화령을 선택하면 이성계에 대한 개인숭배가 강화될 수 있었을 테니 말이다.

그런데 조선은 예부터 우리가 써오던 이름이다. 고조선에 한사군이 설치되기도 한 것처럼 중국과도 관련이 있다. 조선이라는 말은 아침 '조'(朝)에 고울 '선'(鮮) 자다. 아침처럼 고운 나라라는 뜻이다. 중국어에서 '조' 자가 두 가지 발음으로 읽힌다. 하나는 '차오'이고, 하나는 '자오'다. '아침'이라고 할 때는 '자오'라고 발음한다. '차오'는 왕조나 조정이라는 뜻, 아니면 어딘가를 향하다는 뜻이다. 그러니까 이걸 차오셴으로 읽는 것보다는 아침이라는 뜻을 부각시켜서 '자오셴'으로 읽는 편이 더 타당하다.

건물에도 급이 있었다, 전당합각

한때 「시무7조」가 장안의 화제였던 적이 있다. 옛날 상소문 형식을 빌어서 청와대 국민청원 홈페이지에 올린 청원문이었다. 재밌게도 대통령이라는 말 대신 '폐하'라는 표현을 썼다. 폐하는 황제를 부를 때 쓰는 말이다.

진시황이 처음 황제라고 자칭한 이후부터 폐하는 황제의 호칭으로 자리 잡았다. 우리나라 역사에서는 대한제국을 세운 고종과 그 뒤를 이은 순종만이 폐하라고 불린 적이 있다. 폐하라고 할 때, '폐'(陛)라는 말은 섬돌이라는 뜻이다. 황제가 집무하는 공간인 대전을 올라가는 계단을 가리킨다. 그러니까 폐하(陛

下)는 '그 계단 아래'라는 뜻으로, 계단 아래에 있는 신하들 자신을 가리키는 말이었다. 그러다 점점 황제를 부르는 말로 변하게 되었다. 신하인 자신을 낮춰서 상대방을 높이는 말로 만든 것이다.

폐하가 황제를 부르는 호칭이었기 때문에 대한제국 이전 조선에서는 '전하'라는 말을 대신 썼다. 전하는 황제가 일을 보는 건물인 '전'(殿)의 아래에 있는 사람이라는 뜻이다. 예를 들면 경복궁의 정전의 이름은 '근정전'인데, '전'이라는 말은 이렇게 왕이나 왕비만이 쓸 수 있는 건물의 이름이다.

옛날에는 건물에도 정확한 서열이 있었다. '전' 다음 한 단계 급이 낮은 건물은 '당'(堂)이라고 불렸다. 당은 왕의 아들이나 벼슬을 받은 사대부가 쓸 수 있었다. 그래서 당상관이라고하면 정삼품 이상의 벼슬을 받고, 당 위에 앉을 수 있는 고위 관리를 뜻했다. 세자에게는 또 '저하'라는 호칭을 쓰기도 했다, 이때 '저'(邸) 자도 집이라는 뜻이지만, 건물의 서열에는 보통 잘 넣지 않는다. '당' 다음 단계는 '합'(閤)이다. 대원군을 '합하'라고부른 건 이 때문이다. '합' 다음은 '각'(閣)이다. 예전에 대통령을 '각하'라고 부른 까닭이다. '합'은 '쪽문'이라는 뜻이고 '각'은 '문설주'라는 뜻이기 때문에 '당'에 비하면 건물의 규모나 그 건물을 사용할 수 있는 사람의 지위가 한참 뒤진다,

'전당합각'으로 이어진 건물의 서열은 '재헌루정'으로 이어

진다. '재'(齋)는 보통 일상생활을 하거나 조용히 공부를 하면서 지내는 공간이다. '헌'(軒)은 대청마루, '루'(樓)는 바닥이 땅에서 떨어진 마루, '정'(亭)은 말 그대로 정자다. 옛날 건물은 이렇게 서열을 가지고 있었다.

아무 때나 외치면 죽음입니다, 만세

3·1운동은 1919년 1월 고종황제의 사망에 영향을 받았다. 고종이 일본에게 독살됐다는 소문이 퍼지면서 반일 감정이 고조된 것이다. 그런데 이 '독립만세'가 어쩌면 '독립천세'가 됐을 수도 있었다.

'만세'라는 말은 중국에서 한나라 때부터 써오던 인사말이었다. 만세토록, 오래오래 살라는 뜻이었다. 처음에는 황제나 신하 모두 '만세'라는 인사를 받았다. 한나라 화제의 동생은 이름이 '류만세'일 정도였다. 이런 상황은 오래 이어졌다.

그런데 송나라에선 분위기가 조금 달라졌다. 조리용(曹利用)이라는 대장군이 있었는데, 그 조카가 조눌(曹訥)이라는 사람이었다. 이 사람이 하루는 술에 취해서 "나한테 만세를 불러라"라고 소리를 지른다. 그 모습을 본 누군가가 고발을 했다. 조눌은 벌로 곤장을 맞고는 죽고 말았다. 그 뒤부터 황제만이 만세라는 인사를 받을 수 있게 됐다. 황제보다 한 등급 아랫사람에게는 '천세'라고 했다. 황제의 형제나 큰아버지, 작은아버지가 천세라는 인사를 받았다. 또 왕이라는 작위를 받으면 천세를 들을 수 있었다. 조선의 왕도 중국 황제보다 한 등급 아래였기 때문에 천세를 불러야 했다. 그러다가 고종 임금이 1897년 대한제국을 선포하고 직접 황제에 오르면서 만세를 부를 수 있게 됐다.

〈송가황조〉라는 중국영화에는 청나라를 뒤엎은 신해혁명을 주도한 쑨중산 이야기가 나온다. 쑨중산이 병들어 죽을 때가 되자 많은 사람이 어서 일어나라는 뜻으로 '만세'를 불렀다. 그러자 쑨중산이 "왕조가 무너진 게 언젠데 아직도 만세를 부르나"라는 말을 하는 장면이 나온다. 만세는 황제 체제에서 한 사람을 위한 호칭이었던 것이다. 하지만 이제는 누구에게나 또 나라와 민족을 위해서도 쓸 수 있는 표현으로 바뀌었다.

우리 안에 남아있는 중국의 흔적, 동묘

서울에서 지하철을 이용하다 보면 1호선과 6호선을 환승할 수 있는 역이 있다. 바로 '동묘앞'역이다. 혹시 이때 '동묘' 글자 그대로 풀어보면 동쪽에 있는 사당이라는 뜻이다. 아닌 게 아니라 동묘앞역에 내려서 안쪽으로 조금 걸어 들어가면 조금은 쇠락한 모습의 사당이 하나 보인다.

동묘는 보물 제142호다. 동묘는 '동관왕묘'를 줄여 부르는 이름이다. '동관왕묘'란 동쪽에 있는 관왕의 사당이란 말이다. 관왕이란 누굴까? 관왕은 바로 삼국지에 나오는 장수 관우다. 삼국지에서 관우는 손권에게 붙잡혀 장렬한 최후를 맞이한다.

어쩌다 관우의 사당이 그 자리에 만들어졌을까? 관우가 죽고 나서 중국인들은 관우를 거의 신처럼 떠받들기 시작했다. 용맹한 장수라는 이미지에 나중에는 돈을 불러다준다는 재복의 이미지까지 더해졌다. 중국인이 가장 으뜸으로 섬기는 신이라고 해도 과언이 아닐 정도다. 임진왜란이 끝나고 1597년에 일본이 다시 조선을 침략한 정유재란 때, 중국의 명나라는 군대를 보내 조선에 도움을 주었다. 전쟁이 끝나자 명나라 조정은 관우가 도와주어 이겼다면서, 한양 성문 밖에 관우의 사당을 지으라고 요구했다. 그것도 동서남북 네 군데에다 말이다. 1598년 선조 31년에 남대문 밖에 '남관왕묘'를 지었다. 그리고 3년 뒤 동관왕묘를 지었다.

'북관왕묘'와 '서관왕묘'는 고종 임금 때 지었다. 북묘와 서묘는 일제강점기 때 철거가 됐다. 남묘는 지금 사당동 자리로 옮겨갔다. 네 사당 중에 동묘가 가장 크고, 원래 모습을 가장 많이 간직한 채 남아있다. 중국의 요청으로 지은데다가 우리나라 사람들은 관우에게 그리 큰 감흥을 갖고 있지 않기 때문에, 많이 알려지지 않은 건물이긴 하다.

중국인들의 잠이 모두 달아난 순간, 시모노세키조약

일본에 가면 시모노세키라는 항구도시가 있다. 아마 '시모노세키조약'이라는 말이 더 귀에 익을 것이다. 이 조약은 1895년 4월 18일 체결됐다. 청나라와 일본 사이의 조약이었다.

중국은 근대에 일본과 두 차례의 큰 전쟁을 치렀다. 첫 번째가 바로 1894년부터 약 9개월간 벌인 청일전쟁이고, 두 번째는 1937년부터 8년 동안 이어진 중일전쟁이다. 청일전쟁은 갑오년에 발발했다고 해서 '갑오전쟁'이라고도 부르고, '제1차 중일전쟁'이라고도 부른다. 시모노세키조약은 첫 번째 중일전쟁, 즉 청일전쟁 때문에 만들어진 조약이다.

어째서 많은 도시를 놔두고 시모노세키였을까? 당시 열강들의 전쟁 이후에 맺어진 조약은 그때마다 편리한 지역에서 협상과 조약 체결 과정이 이루어졌다. 청일전쟁에서는 패전국이었던 청나라의 전권대신 리훙장이 승전국인 일본 땅을 찾은 형식이 되었다. 리훙장의 상대는 바로 이토 히로부미였다. 시모노세키는 일본 열도에서 가장 큰 섬인 혼슈의 남서쪽 끝에 있는 항구다. 그 옛날 우리나라 쪽에서 일본으로 가려면 반드시 거쳐가야 했던 관문 항구였다. 부산에서 오가는 연락선이 그 옛날 항로를 개설한 뒤 지금도 부관페리라는 이름으로 운행하고 있을 정도다. 이토 히로부미는 바로 이 관문의 도시에서 청나라를 누르고 동아시아의 패자가 되는 모습을 보여주고 싶었다.

청나라와 일본의 전쟁에서 맺어진 이 시모노세키조약의 첫 번째 조항은 바로 다음과 같았다.

"중국은 조선국이 확실하고 완전무결한 독립자주국임을 인정한다. 따라서 독립자주를 훼손하는 모든 체제, 즉 이 나라가 중국에게 조공을 바치고 전례를 갖추는 일들은 이제부터 모두 폐지한다."

청일전쟁에서 승리한 일본은 조선 침략의 야욕을 공공연히 드러내고 있었다. 불과 50년 전 영국과의 아편전쟁에서 쓴맛을

본 청나라는 사실 청일전쟁 때까지도 정신을 차리지 못하고 있었다. 중국인들이 돌아가는 사태에 당황하며 진정한 개혁의 필요성을 느끼기 시작했던 건 시모노세키조약이 체결되고 나서였다.

저희 사장님 말씀입니까? '짱깨'의 유래

한국과 중국, 일본은 서로 붙어살다 보니 싸우기도 많이 싸웠다. 그러다 보니 옛날부터 서로를 얕잡아 부르는 말들이 자리를 잡았다. 중국인은 한국 사람을 '까오리빵즈', 즉 '고려방자'라고 얕잡아 부르곤 한다. '방자'는 '놈', '자식' 같은 뜻이다. 우리는 중국 사람을 되놈이라고 많이 불렀다. 여기서 '되'는 오랑캐를 뜻하는 옛날 우리말이다.

또 '짱깨', '짱꼴라'도 있다. 이 말들은 사실 원래부터 누구를 얕잡아 부르는 말은 아니었다. 짱깨는 '장꾸이'라는 말에서 시작되었다. '장'(掌)은 원래 손바닥이라는 뜻으로 뭔가를 '잡다', '장악하다', '관리하다'는 뜻으로도 쓰이게 됐다. '꾸이'(櫃)는 '궤'로, 요즘 말로 하면 상점의 카운터다. 그러니까 장꾸이는 카운터를 보는 사람, 가게의 주인이나 사장을 뜻한다.

    조선 말기에 중국 화교가 처음으로 우리 땅에 들어와서 살게 됐다. 이때 중국인들이 음식점을 많이 차렸다. 일명 중국집의 시작이었다. 이 중국집에서 카운터를 맡아 보던 주인을 직원들이 '장꾸이'라고 불렀는데, 그 말을 들은 우리나라 사람들은 중국인은 서로를 장꾸이라고 부르는 모양이라고 생각했다. 해서 이걸 한국인들이 따라하다가 '짱깨'가 됐다. '짱꼴라'는 여기에 베이징 지역 사투리가 가미된 표현이다. 베이징 사투리는 말 뒤에 '얼'(兒) 자를 많이 붙이는 경향이 있다. '장꾸이'라는 말 뒤에 '얼'자가 붙다 보니 '장꾸얼'이 됐고, 이게 변형된 것이 짱꼴, 짱꼴라라는 발음이다.

    짱깨나 짱꼴라 모두 원래는 상대를 낮춰 부르는 말이 아니고, 지금도 중국에서는 보통 명사로 쓰인다. 하지만 언어라는 건 문화적, 시대적 맥락에 따라 그 뜻이 만들어지는 것이다. 이미 우리 사회에서 이런 말이 중국인을 비하하는 뜻으로 정착됐다면, 사용을 자제하는 게 좋겠다.

해외에서 더부살이하는 중국인, 화교

화교는 해외에 나가서 사는 중국인을 뜻한다. 중국 사람들은 자신들을 가리킬 때 자주 '빛날 화'(華) 자를 쓴다. '중화'라는 말도 그렇고, 중국인을 통틀어서 '화인'이라고도 한다. '교'(僑)라는 글자는 더부살이를 하는 곳, 임시로 거주하는 곳이라는 의미다. 우리가 해외교포라는 말을 쓸 때의 그 '교'다. 그러니까 화교는 중국인 중에서 국외에 잠시 나가 더부살이를 하는 사람이다.

중국에서는 화교를 정의할 때 국적이 중국이라고 딱 못을 박는다. 국적 여부를 크게 따지지 않는 우리가 교포를 정의하는 방식하고는 조금 다르다. 중국 국적이 없고, 해외 현지 국적을 갖고 있는 중국인들은 뭐라고 부를까. 그런 경우는 화인이라는 표현을 두리뭉실하게 쓰거나, 이들이 2세, 3세처럼 화교의 후손일 경우는 '화예'(華裔)라는 말도 쓴다. 화교의 후예라는 뜻이다.

세계적으로 중국이 아닌 곳에서 살아가고 있는 화교의 숫자는 6천만 명에 이른다. 198개 나라에 퍼져있다. 그중 가장 많은 수는 동남아시아에서 살고 있다. 전체 화교의 85.5%에 이른다. 인도네시아 600만, 태국 465만, 말레이시아 509만으로 세 나라만 합해도 1574만 명이나 돼서 전체의 60%가 넘는다.

싱가포르, 미얀마, 필리핀, 베트남에도 적지 않은 수가 살고 있다. 그래서 동남아시아는 중국 문화권, 중화권 지역으로 간주되기도 한다. 우리나라 화교는 2만 1천 명이 조금 넘는 숫자다. 일본, 남아프리카공화국, 브라질보다도 훨씬 적은 숫자다.

중국과 붙어있는 나라치고는 매우 적은 편이다. 우리나라는 오랫동안 화교를 배척했던 역사가 있어서 그렇다.

외국 군대의 명당, 용산미군기지

한국 화교의 시초는 조선 말기였던 1882년으로 거슬러 올라간다. 그 해는 임오년이었는데, 군대에서 반란이 일어났다. 옛날식 군대의 군인들에게 1년이 넘게 월급을 주지 못하고 있다가 겨우 이걸 쌀로 메꿔주었다. 그런데 이 쌀이라는 게 모래와 겨가 섞인, 먹을 수가 없는 상태였다.

병사들이 소요를 일으켰지만, 당시 조선 조정에서는 이 사건을 처리하지 못했다. 청나라에 급하게 지원을 요청하게 됐고, 청나라 병사들이 군란을 진압하기 위해 파견됐다. 이때 4천 명이나 되는 군사가 제물포로 들어왔다. 그들이 먹고 사는 문제를 도와주기 위해 40명의 민간인이 함께 왔다. 바로 이들이 한국의 최초 화교로 여겨지고 있다.

이때 군사를 이끌고 온 장군 위안스카이는 군란을 진압하는데 선두에 서서 신임을 얻었다. 그 뒤 한성의 방위를 책임지는역할을 맡게 되었다. 위안스카이는 불과 스물세 살의 나이에 황제의 대리대사가 되어 조선에서 14년 동안이나 거만한 생활을했다. 처첩이 10명이나 됐고 아들은 17명이나 두었다. 조선에서얻은 첩도 3명이나 있었다. 당시 고종을 만나기 위해서는 누구나 궁궐을 걸어 들어갔는데, 그만큼은 가마를 타고 들어갔다고한다.

그사이에 청나라 사람들은 전국으로 불어나있었다. 이들은주로 장사에 종사했다. 위안스카이는 인천과 서울 용산, 부산,원산 같은 대도시에 이들을 지원하는 군사들을 배치했다. 권력의 도움 아래 성장한 청나라 상인들은 그 세력을 크게 확장해서 남대문, 종로까지 상권을 장악했다. 이 때문에 조선인과 청나라 사람들의 감정이 서로 안 좋아지기 시작했다. 오늘날 용산미군기지 터가 이때 청나라 병사들이 주둔했던 곳이다. 훗날 왜군, 미군이 연이어 들어오게 되는 자리다.

위안스카이는 동학운동이 일어나고 청일전쟁이 임박한 정세 속에서 동학군이 자신을 죽이려 한다는 소식을 듣고는 평민으로 변장해서 중국으로 도망갔다.

한국에는 왜 화교가 많지 않을까? 만보산사건

한국에서 화교가 뿌리내리지 못한 데에는 여러 원인이 있다. 화교에 대한 한국인들의 감정이 좋지 않았던 이유도 큰데, 이에 관련한 역사적 사건이 있다.

조선 말기에 들어온 화교는 일제강점기에도 승승장구했다. 1930년에는 6만 명이 넘는 화교가 살고 있었다. 당시 인구 비율로 따지면 2%에 이르는 숫자였다. 이들은 조선 땅에서 장사와 노동을 하면서 상품시장과 일자리를 놓고 늘 조선인과 충돌을 빚었다. 그러다가 결정적인 사건이 하나 일어났다. 바로 1931년 중국 창춘에서 벌어진 만보산사건이다.

중국인 학영덕이라는 사람이 수로를 개척하기 위해 일본에 붙어서 회사를 세우고 조선인들을 농사꾼으로 데려오겠다고 계약을 했다. 당시 중국에는 조선인이 농사를 지으려면 허가를 받아야 한다는 규정이 있었다. 이런 상황에서 수로 개척 공사를 하던 조선인이 중국에 체포당하고 또 구타당하는 사건이 벌어졌다. 일본은 창춘의 토지를 개간하면 중국 침략에도 도움이 되니까 방조하고 있었다.

작업이 계속되자 중국 농민 400여 명이 나타나 공사를 방해했다. 이 과정에서 일본 경찰과 중국 농민이 서로 위협 사격을 가하기도 했다. 다치거나 죽은 사람은 없었음에도 불구하고 이 사건을 당시 『조선일보』가 대대적으로 보도하면서 문제가 생겼다.

『조선일보』는 호외까지 발행하면서 만보산에서 조선인이 여러 명 죽었다고 오보를 냈다. 인천 같은 경우, 호외는 7월 2일 밤에 배포되었고, 이튿날 새벽부터 난리가 났다. 현지 상황을 자세히 알 길이 없는 우리나라 사람들은 중국 사람에 대한 분노를 제어하지 못하고 국내에 들어와있던 화교들을 공격하기 시작했다.

5천 명에 이르는 군중이 화교들이 운영하던 상점과 중국인들을 무자비하게 공격했고, 이 과정에서 많은 사람들이 부상을 당하거나 목숨을 잃었다. 이렇게 시작한 화교에 대한 분노는 전국을 향해 퍼져나갔다. 한국 화교 사회의 불행한 역사다.

불이 났다는 게 그 뜻이 아니네, 호떡집

겨울철 간식으로 치자면 호빵만한 게 없다. 1970년대 한 제과회사에서 찐빵을 상품화하면서 만든 게 호빵이라고 한다. 뜨거워서 호호 불면서 먹는다고 해서 호빵이라고 이름 붙였다고 한다. 하지만 많은 분들이 호빵은 호떡의 사촌쯤 된다고 생각해서 호빵의 '호'자도 호떡의 '호' 자에서 온 게 아니냐는 의혹의 시선을 거두지 않고 있다.

한국인이 좋아하는 호떡은 중국에서 온 음식이다. 잘 알려진 대로 밀가루를 질게 반죽하고 그 안에 설탕 같은 소를 넣어서 납작하게 부쳐 먹는다. 이때 '호'라는 말은 한자로 '오랑캐 호'(胡) 자다. 병자년에 오랑캐가 일으킨 난리를 병자호란이라고 하는 것처럼 말이다. 조선에서는 청나라를 이렇게 '호', 오랑캐라고 부르던 관습이 있었다. 이것이 결국 중국이라는 뜻으로 굳어지게 됐다. 예를 들면 중국 군인을 호병, 중국 밀을 호밀이라고 했다.

이 호떡은 지금은 길거리에서 파는 간식처럼 되었지만. 화교들이 조선에 건너와 자리를 잡은 1920~30년대 호떡 가게들은 종업원도 서너 명씩 딸린 정식 가게들이었다. 이렇게 호떡을 파는 가게를 호떡집이라고 불렀다. 1930년 조선총독부가 조사한 자료에 따르면 당시 경성의 중화요리점은 149곳이었고 호떡집은 147곳이었다. 전국적으로는 호떡집이 그 10배에 달했다고 한다. 어엿하게 중화요리점과 어깨를 겨루는 대표적인 중국식 간식집이었다.

그런데 당시 화교들은 여러 가지 이유로 인해 조선인과 사이가 좋지 않았다. 조선 사람들이 화가 나서 화교들이 운영하는 중화요리점과 호떡집을 습격하는 사건이 1927년과 1931년, 두 번에 걸쳐 크게 일어나는데, 4분의 1이 넘는 가게가 피해를 입었다. 중국인 주인과 종업원들을 폭행하고 또 기물을 부수거나 심지어 불을 지르기도 했다.

"호떡집에 불났다"라는 표현은 바로 이때 비롯되었다. 아수라장이 된 상황을 묘사하는 말로 자리 잡았는데, 그 뒤부터 호떡집은 점차로 사라지게 되었다.

밥 없이 볶음밥을 만들라고?
중국음식의 현지화

한국에 건너온 중국인, 화교들 중 많은 수가 중국음식점을 열었다. 중국음식점은 청요릿집이라는 이름으로 시작해서 중국집을 거쳐 요새는 '차이니즈 레스토랑'으로 불리고 있다.

화교의 음식점 경영 역사는 한 마디로 우여곡절이다. 우리나라 사람들은 일제 식민지 시기부터 화교에 대한 반감이 컸다. 그런 정서가 박정희 정부 때까지도 계속 이어져서 억압 정책을 만들어냈다. 특히 1971년에는 「외국인 토지 취득 및 관리에 관한 법」이 만들어졌는데, 이때부터 외국인 1가구는 200평 이하의 주택 한 채, 50평 이하의 가게 한 채만을 소유할 수 있었다. 그 여파로 당시 많은 중국집들이 문을 닫게 되었다.

1973년 3월 5일부터는 중국집에서 쌀밥을 쓰지 못하게 하는 정책을 펴기도 했다. 당시는 쌀이 모자라던 시절이라, 정부에서 밀가루를 쓰는 분식 장려 운동을 펼쳤다. 그런데 중국집의 대표 메뉴인 볶음밥까지 팔지 못하게 만든 것이다. 중국집들은 궁여지책으로 밀가루를 밥알 크기로 잘라서 말린 뒤에 쪄내는 방법으로 볶음밥을 만들기도 했다. 밀가루 볶음밥이 어떤 맛일지 상상이 잘 안 될 따름이다. 지금이야 과거의 해프닝 정도로 느껴질지 모르겠지만, 당시 화교들은 화가 많이 났다. 해도 해도 너무한다는 것이었다. 이 정책은 석 달 만에 없던 일이 되었다.

이런 규제 때문에 많은 화교가 더 이상 한국에 살지 못하고 대만 등으로 다시 이주하게 되었다. 1975년, 전국에서 화교가 운영하는 중국집 수가 653개라는 통계가 있는데, 이 숫자는 전체 중국음식점 중 65%를 차지한다. 5년 뒤인 1980년이 되면 이 숫자가 394개로 떨어지고 그 비율은 25%로 줄어든다. 이것이 오늘날 우리가 먹는 중국 음식이 중국 본토의 맛보다는 한국인의 입맛에 맞게 변화한 가장 큰 요인이라고 할 수 있다.

김구 선생을 살린 옷, 치파오

100년 전에 세워진 대한민국임시정부 주석을 지낸 김구 선생은 독립운동을 위해서 많은 어려움을 마다하지 않았다. 김구는 1919년 3·1운동 직후에 상하이로 망명해서 임시정부에 참여했다.

당시 상하이에는 우리 독립운동가를 암살하려는 일본 첩자들이 많았다. 특히 1932년 이후에는 일본의 압박으로 상하이를 탈출해서 쟈싱이라는 곳으로 피신했다. 쟈싱에 가면 아직도 그 피난처가 남아있다.

이때부터 김구는 위장 전술을 썼다. 이름을 장진, 장진구 등으로 바꾸고, 동네에서 뱃사공을 하던 주아이바오라는 처녀와 위장 결혼을 하여 일본 경찰의 추격을 따돌렸다. 주아이바오도 김구의 정체를 알지 못했다고 한다. 그러면서 중국 광저우 사람인 것처럼 행세했는데, 당연히 말도 옷도 중국인 흉내를 내야했다. 그는 중국의 전통 의상인 치파오를 입고 다녔다. 치파오는 원래 청나라 만주족의 옷이었다.

만주족은 원래 자기 지역을 8개의 '기'로 나눴다. '기'(旗)는 깃발을 뜻한다. 만주 사람을 '기인'이라고 불렀고 그들이 입는 옷을 '기포'(旗袍), 즉 치파오라고 불렀다. 치파오는 통이 크고 소매도 넉넉한 일자형 겉옷이었다. 이 옷이 시간이 지나면서 점점 타이트해지기 시작했다. 1930년대가 되면 여성의 경우에는 몸매를 드러낼 정도가 됐다. 다리 라인의 옆트임도 과감해지고, 반팔 치파오도 선보였다. 오늘날에는 중국을 대표하는 전통 여성 의복처럼 남게 되었다.

치파오는 남성들을 위한 옷이기도 했다. 우리나라 독립운동가들이 중국에서 찍은 사진을 보면, 단체로 치파오를 입고 있는 장면이 종종 눈에 뜨인다. 치파오는 우리 독립운동가들을 일제의 위협에서 지켜주었던 고마운 옷이기도 하다. 김구는 일제의 눈을 피해 치파오를 입고 도피 생활을 한 끝에 해방이 되고 다시 우리나라로 돌아올 수 있었다.

승리와 함께 찾아온 것, 한반도 분단

9월 3일은 중국의 전승절이다. 공식 명칭은 '중국인민항일전쟁승리기념일'이다. 1945년 8월 15일은 역사적인 날이었다. 1939년 9월부터 6년 동안 계속된 제2차 세계대전의 종식이 눈앞에 다가왔다. 우리가 식민지에서 해방되는 광복을 맞이하던 순간, 1931년 9월 18일 만주 지역을 침공한 일본에 맞서 싸운 중국의 14년 전쟁도 끝났다. 일왕은 그날 아침 7시, 미 · 영 · 중 · 소 네 나라 연합국에 종전을 선언했다.

보름 뒤 1945년 9월 2일 오전 9시, 일왕을 대리해서 시게미쓰 마모루 외무대신, 우메즈 요시지로 참모총장이 도쿄만에 정박해있던 미국 전함 미주리호의 갑판에서 무조건 항복한다는 서명식을 가졌다. 이때 항복 문서를 받은 사람이 연합군 총사령관이었던 맥아더 장군이었다. 중국 대표로는 쉬융창 국방부장관이 참석했다. 장제스가 이끌던 중화민국도 연합국의 일원이었기 때문에 전승국이 된 것이다.

당시 중국 정부는 그다음 날인 9월 3일부터 사흘 동안 전쟁의 승리를 축하했다. 그리고 이듬해부터 계속 9월 3일을 항일전쟁승리기념일로 지켜오고 있다. 인류 역사에 있어서 가장 많은 인명을 앗아가고 가장 큰 재산 피해를 남겼다는 전쟁, 제2차 세계대전도 그렇게 막을 내리게 됐다. 일본의 항복은 히로시마와 나가사키에 투하된 원자폭탄 때문이었다는 게 정설이다. 하지만 최근에는 일본이 8월 15일 종전을 선언한 데에는 소련이 연합군에 참전했기 때문이었다는 주장도 나오고 있다.

사실 미 · 영 · 중 · 소 네 나라는 이미 1945년 6월에 독일을 둘로 나눠서 통치한다고 합의했다. 7월에는 포츠담회담을 열어서 일본도 4개 지역으로 나눠서 분할 통치하겠다는 계획을 마련했다. 미국이 간토와 간사이, 영국이 규수와 주고쿠, 중국이

시코쿠, 소련이 홋카이도와 도호쿠를 통치하고 도쿄는 4등분하겠다는 계획이었다. 일본은 소련의 참전을 극도로 두려워했다고 한다. 당시 전쟁 끝 무렵에 소련이 참전하면서 일제 식민지였던 한반도를 공격해 왔다. 일본은 자신이 분할되기보다, 한반도가 분할되기를 바랐다. 그래서 소련이 한반도를 치고 들어온 시점, 그러니까 8월 10일경에 곧바로 항복 의사를 알렸다. 이정도면 요즘 말로 '뒤끝 작렬' 아닐까?

우리 현대사의 비극, 한국전쟁

우리 현대사의 가장 비극적인 사건 중 하나가 바로 한국전쟁이다. 3년 동안 계속된 전쟁에서 중국의 개입은 정말 또 전쟁의 흐름을 바꾸어놓은 역사적인 사건이었다. 중국에서는 이 전쟁을 '조선전쟁', 주로는 미국에 맞서 북한을 도왔다고 해서 '항미원조전쟁'이라고 부른다.

북한의 예고 없는 기습에 속절없이 퇴각을 거듭하던 우리 국군은 유엔군의 지원으로 전세를 역전하게 된다. 당시 유엔은 북한의 침공 바로 다음 날 파병 결의안을 채택하고 그다음 달 초에 실제 파병이 이뤄졌다. 미군을 이끌고 온 맥아더 장군의 인천상륙작전과 서울 수복은 전세를 뒤바꾼 결정적 계기였다. 이런 상황에 고무된 맥아더는 군대를 이끌고 38선을 넘어 북진했다.

이걸 미리 지켜보고 있던 중국 정부는 입장을 발표했다. "이 전쟁은 내전이기 때문에 남한군이 38선을 넘을 수는 있지만, 유엔군이 이 선을 넘는 건 중국에 대한 위협"이라고 말이다. 하지만 맥아더의 의지를 꺾을 수는 없었다. 중국 공산당 지도자들이 고민하고 있던 때, 북한은 수도를 평안도 강계시로 옮기면서 중국에 지원을 요청했다. 이때 바로 마오쩌둥이 '순망치한'이라는 사자성어를 들고 나왔다. '입술을 잃으면 이가 시리다'는 뜻이다. 이후로 북중관계를 나타내는 대표적인 표현으로 자리 잡았다.

중공군은 1950년 10월 19일부터 압록강을 넘어오기 시작했다. 그런데 이때 국경을 넘어 참전한 중공군의 정식 이름은 '중국인민지원군'이었다. 중국 군대의 이름인 '인민해방군'이라는 말 대신에 인민지원군이라는 표현을 쓴 것이다.

중국이 국가적으로 전쟁에 참여했다는 명분을 피해 가기 위한 의도였다. '지원'이라는 말은 중국어에서 '자원봉사'라는 말로 자주 쓰인다. 군인들이 자원해서 전쟁에 나섰다는 것이다. 중공군은 이른바 인해전술, 그러니까 바다처럼 몰려드는 무수한 수적 우위를 앞세워서 전쟁의 흐름을 다시 뒤바꾸어 놓았다.

도대체 몇 명이었나? 인해전술

중국은 한국전쟁이 발발한 지 꼭 넉 달 만에 참전했다. 중국군은 유명한 '인해전술'로 남하했다. 인해전술은 말 그대로 거대한 규모의 인력을 한꺼번에 투입하는 작전을 말한다. 주로 보병을 밀집된 대형으로 갖춰서 적전을 공격하는 방식이다.

위장이나 엄호도 하지 않은 상태에서 몰려오고 또 상대가 화력을 사용할 수 없게 하는 데 목적이 있다. 가까운 곳에서 적과 마주치면 육박전을 벌이는 방식으로 상대를 물리치려는 전술이다. 중국군이 개입한 초기 바로 이런 인해전술로 인해 타격이 컸다.

인해전술의 기원은 『손자병법』까지 거슬러 올라간다. 『손자병법』에서는 "군사를 쓰는 방법으로 우리 쪽 군사가 적보다 열 배가 많으면 포위하고, 다섯 배가 많으면 공격하고, 배가 많으면 이를 나누어 활용하고, 적이 전쟁을 잘하는 상황에서 그보다 군사가 적으면 도망가고, 그렇지 않으면 피해야 한다"고 했다.

바로 이런 옛 병법에 바탕을 둔 게 인해전술이다. 실제로 재래식 전쟁에서는 이런 전술이 많이 활용되었다. 병사가 많은 것처럼 꾸며서 적을 놀라게 하는 방법이다. 하지만, 제한된 지역 안에서만 활용할 수 있어서 작전 반경이 좁고, 지휘통솔이 쉽지 않다는 점, 실제 병사들의 전투 수준이 높을 수 없다는 점 등이 약점이다. 우리는 한국전쟁 때 중국군의 대명사처럼 알고 있지만, 미국만 해도 남북전쟁이나 태평양전쟁 등에서 수적 우세를 전투에 활용한 경우가 적지 않았다.

우리 쪽과 중국 쪽의 통계가 조금 다르긴 하지만 양쪽을 종합해 보면, 전쟁에 참여한 중국군은 모두 78만에서 97만 명 정도로 추정된다. 그중 14만 8천에서 18만 3천 명이 사망하고, 38만에서 79만 8천 명이 부상당했다. 3900명에서 7600명이 실종됐다. 그런데 특이하게도 사망자와 실종자 수는 중국군이 제시하는 통계가 훨씬 많다.

공식인 듯 비공식, 인민지원군

중국 공산당은 '항미원조전쟁'이라는 말 뒤에 '보가위국'(保家衛國), 즉 '가정과 나라를 보호하고 보위한다'는 말을 덧붙여서 활용했다. 전쟁에 참여한 명분을 만들었던 것이다. 한국전쟁이 발발한 지 꼭 넉 달 만인 1950년 10월 19일 압록강을 건너 참전한 중국군은 '중국인민지원군'이었다.

중국의 정규 군대는 인민해방군이다. 그런데 전쟁에 참여하면서 정규군을 보내려니 이 전쟁을 지나치게 공식화하는 것 같은 부담이 생겼다. 그래서 중국인민지원군이라는 새로운 군대를 창설해서 참전한 것이다. 여기에는 당연히 인민해방군도 들어가 있었지만 국공내전 당시에 포로로 잡혀있던 국민당 군대의 병사들도 많이 섞여있었다고 한다. 이 군대가 전쟁에 참여한 뒤에 전세는 팽팽하게 긴장을 거듭했다.

그리고 이듬해 1 · 4 후퇴까지 이어졌다. 중국군은 북이나 나팔, 꽹과리 같은 악기들을 이용해서 요란하게 진격해 왔기 때문에 실제 숫자보다 훨씬 거대한 위협으로 다가왔다. 그런 악기에 익숙하지 않았던 미군들은 멀리서 그 소리를 듣기만 해도 상당히 공포스러워했다고 한다.

중국인민지원군에는 당시 국가주석이었던 마오쩌둥의 큰아들인 마오안잉도 참전했다. 그런데 참전한 지 한 달 만인 1950년 11월 25일에 평안북도 대유동에서 미군 전투기의 폭격을 당해 전사했다. 마오안잉의 무덤은 지금도 북한의 열사릉원에 묻혀있다. 전쟁이 끝나고 중국 공산당에서 유해를 중국으로 이장하려고 계획을 세웠지만, 마오쩌둥이 다른 많은 병사들이 함께 전사했는데 내 아들만 데려올 수 없다며 거부했다고 한다.

중국인민지원군은 전쟁이 끝나고도 오랫동안 북한에 주둔했다. JSA 공동경비구역에서 경비를 서기도 했다. 중국인민지원군은 1958년 10월이 돼서야 완전히 철수했고, 그 조직도 역사

속으로 사라졌다.

사랑 이야기로 뒤바뀐 운명, 삼팔선

2016년 중국에서는 〈삼팔선〉이라는 텔레비전 드라마가 방송됐다. 제목만 들어도 짐작이 가시지만, 한국전쟁에 관한 이야기이다. 앞서 말했듯 중국에서는 한국전쟁을 '항미원조전쟁'이라고 부른다.

이 드라마도 역시 이른바 '항미원조 역사 대극'이라는 부제를 붙였다. 드라마는 그해 4월 23일 중국 윈난성에서 처음으로 방송됐다. 그 뒤 베이징과 랴오닝 지역에서도 잇달아 방송됐다.

모두 38회로 구성된 드라마는 압록강변에 사는 중국인 리창순이라는 어민이 주인공이다. 그는 미군의 폭격에 아버지가 죽자 자원입대해서 전쟁에 나서는 인물이다. 그를 사모하는 창팡이라는 여자 역시 간호사가 되어 전쟁에 참여한다. 리창순의 친구 장진왕, 장진왕을 사모하는 리창순의 여동생 리전잉도 모두 전장으로 모인다. 전쟁 드라마이면서도 전쟁에 관한 이야기보다는 이들 남녀의 사랑 이야기가 주를 이룬다.

마침 이 드라마가 중국에서 방영되기 직전 한국 드라마 〈태양의 후예〉가 공전의 히트를 기록했다. 〈삼팔선〉은 마치 〈태양의 후예〉를 모방한 것 같은 분위기까지 풍겼다. '삼팔선'이나 한국전쟁이 더 이상 중국인들에게 생사를 가로지르는 중요한 역사적 문제가 아니라 그저 젊은이들의 사랑 놀음을 위한 배경으로 전락하고 말았다는 비판이 있을 정도다.

삼팔선은 1945년 우리가 일본에서 해방된 직후였던 9월 2일 미국과 소련의 담합으로 그어졌다. 말 그대로 북위 38도선을 기준으로 남북 분단을 고착화한 결정이었다. 한국전쟁을 거치면서 휴전선으로 바뀌었는데도 여전히 상징적인 표현으로 자주 쓰이고 있다. 중국은 비록 삼팔선을 획정하는 데에는 큰 역할을 하지는 못했지만, 이후 휴전선이 그어지는 데에는 중요한 역할을 했다. 그런 역사를 그저 사랑 이야기로만 치환하려는 시도는 오늘날 중국 대중문화의 한반도 인식을 보여주는 것 같아 씁쓸하다.

중국 국가 수립 닷새 만에 수교, 북한

1949년 10월 6일, 중국이 국가 수립을 선포한 지 꼭 닷새가 되는 날이었다. 그날 중국은 북한과 정식 외교 관계를 맺었다.

중국이 아시아에서는 처음으로 맺은 국교 관계였다. 중국은 나라를 세우자마자 주로 사회주의 국가들과 수교했다.

나라를 세운 지 이틀 뒤인 1949년 10월 3일에는 소련, 4일에는 불가리아, 5일에는 루마니아와 수교했다. 북한과 수교한 6일에는 헝가리, 체코슬로바키아 등과도 잇달아 공식 관계를 수립했다. 북한은 중국과 수교한 다섯 번째 나라였다.

이후 북-중관계는 이른바 '순망치한'이라고 일컬어졌다. 이 이야기는 옛날 춘추시대 때로 거슬러 올라간다. 우나라와 괵나라가 사이좋게 지내다가 결국엔 진나라의 이간질에 넘어가버리는 바람에 결국 두 나라 모두 진나라에게 멸망하고 말았다는 일화에서 비롯된 성어다.

북한과 중국은 서로의 관계를 혈맹이라고 부르기도 한다. 역시 춘추시대 패자가 된 제후가 다른 나라 제후들을 태산에 불러모아놓고 소나 돼지를 잡아 하늘에 제사를 지낸 뒤 그 피를 나누어 마시면서 충성을 맹세한 데서 비롯한 말이다. 피를 나누어 마시는 행위를 통해 제후들의 으뜸인 패자를 최고의 제후로 모시겠다는 뜻을 담았던 것이다.

중국은 이후 지속적으로 수교 국가를 늘려간다. 2019년 9월 21일을 기준으로 중국은 솔로몬제도와 수교했다. 이로써 모두 179개 국가가 중국과 국교 관계를 맺은 상태다. 참고로 우리나라는 191개 국가와 수교를 맺고 있다. 북한도 161개 나라와 수교하고 있다. 남북 동시 수교국은 158개 국가다.

최근 중국과 수교하는 나라들은 하나같이 대만과 국교를 맺고 있던 나라들이다. 이들은 대만과 단교 조치를 하면서 세상에 중국은 하나밖에 없다는 '하나의 중국' 원칙을 천명하고 있다. 중국의 적극적인 경제적 지원이 뒷받침되고 있음은 물론이다.

비핵화라는 물고기를 잡기 위해, 조어대

'6자회담'이라는 용어가 있다. 북한 핵 문제를 풀기 위해서 한국과 북한, 중국, 미국, 일본, 러시아 여섯 나라 실무자가 한자리에 모여 앉아 진행했던 회담이다. 첫 번째 회담은 2003년 8월 27일 중국 베이징에서 열렸다.

2007년까지 계속된 6자 회담은 줄곧 베이징의 '조어대'(釣魚臺)에서 열렸다. 조어대는 중국이 국빈을 맞이하는 최고급 숙박 시설이다. 중국어로는 '댜오위타이'라고 하는데, '물고기를 잡는 누대'라는 뜻이다.

베이징 서쪽에 삼리하라는 강이 흐르고 있고, 안에는 큰 호수도 자리하고 있기 때문에 실제로 고기를 잡을 수 있다고 한다. 원래는 1190년대 금나라 장종이라는 황제의 별장으로 지어졌다. 전체 면적은 42만m²에 이르고, 10여 동의 건물이 들어서 있다.

정원을 아름답게 조성해 놓은 데다 아주 조용하고 해서 중국의 중요한 국빈들이 대부분 이곳에 머무른다. 우리나라 대통령들도 중국을 방문하면 이곳을 숙소로 사용했다. 문화대혁명 시절에는 사인방 중에서도 권력 실세였던 마오쩌둥의 부인 장칭이 이곳에 살기도 했다.

여섯 나라가 함께 모여서 북한 핵 문제를 풀어보자는 회담의 장소로 베이징 조어대가 계속 선택된 것은 아마도 지리적인 이점이 있었기 때문으로 보인다. 비핵화라는 물고기를 잡기 위해 조어대에서 시작된 6자회담은 2007년에 이르러 당시만 해도 의미 있는 2·13 합의, 그러니까 "북한은 영변의 핵시설 가동을 중지하고 봉인한다"라는 등의 내용을 담은 합의를 이끌어내기도 했다.

요즘은 한중, 한일, 중미 관계가 모두 어려워지고 있는 상황이어서 실무급 회담인 6자회담이라는 해결방식보다는 정상회담 방식을 선호하고 있다. 한반도를 둘러싼 여섯 나라의 셈법이 저마다 다른 지금, 우리가 더더욱 정신을 차리고 남북한의 평화통일을 위해 노력해야 할 때가 아닐까.

개발 계획만 무성히, 두만강

"두만강 푸른 물에 노 젓는 뱃사공. 흘러간 그 옛날에 내 님을 신고, 떠나던 그 배는 어디로 갔소. 그리운 내 님이여, 그리운 내 님이여, 언제나 오려나." 구수한 트로트다. 한 세대를 풍미했던 가수 김정구가 불러서 더 유명했던 노래다. 1938년에 발표돼서 80년이 넘도록 사랑받고 있다.

두만강은 우리와 중국, 러시아의 국경이 맞닿아있는 강이다. 지금은 두만강이 오염이 많이 되어 그다지 푸르지 않다고 한다. 또 북한을 탈출하는 분들이 이곳을 헤엄쳐 넘어오는 일이 잦아서 뱃사공은커녕 감시병들만 삼엄하게 강을 지키고 있다고도 한다.

두만강의 '두만'은 중국어로는 '투먼'이라고 불리고, 한자로는 '두만', '도문', '토문', '통문' 등으로 쓰인다. 원래부터 우리말이나 중국어는 아니었다고 한다. 만주어 아니면 여진족의 말이라고 전한다. 만주어 또는 여진어로 '투먼'은 '일만 만'(萬)을 뜻한다. 10,000이라는 정확한 숫자라기보다는 뭔가가 매우 많다는 의미다. 아마 옛날부터 이곳이 강이었기 때문에 사람들이 많이 모여 살고 있어서 이런 이름이 붙은 건 아닐지 추측해본다.

1995년 12월 6일에 우리와 북한, 중국, 러시아, 몽골 이렇게 다섯 나라가 유엔 본부에서 두만강을 공동으로 개발하자고 하는 협정에 서명한 적이 있다. 그것도 3개나 되는 협정문을 체결했다. 우리는 그중 2개 협정에 서명했다. 두만강 유역은 이처럼 여러 나라가 함께 국경을 이루고 있는 지역인데다가 자연자원도 풍부하고 지리적인 위치도 특별해서 많은 잠재력을 가지고 있다. 하지만 이후 IMF를 맞이하고 저마다 사정이 달라지면서 아직까지도 적극적으로 이 협정을 실행하지 못하고 있다.

중국은 뭐라고 부를까, 동해

일본의 아베 총리가 물러난 뒤 스가 총리가 취임했다. 우리와 일본 사이에 해묵은 갈등이 쉽게 해결될 것 같지는 않다. 많은 문제 가운데 하나는 바로 '동해'라는 이름이다. 우리가 격동의 근현대사를 겪으면서 미처 관심을 갖지 못하는 바람에 국제적으로는 '일본해'라는 이름이 더 널리 알려져 왔다.

이 때문에 우리는 뒤늦게 동해와 일본해를 공동으로 표기하자는 운동을 벌여왔다. 바다의 이름을 표기하는 일과 관련한 국제기구는 두 곳이 있다. 하나는 유엔 산하의 국제지명전문가그룹이고, 다른 하나는 국제수로기구 IHO이다.

IHO는 1929년부터 해도제작지침서인 '해양과 바다의 경계'를 발간하고 있다. 최근에 4차 개정판을 준비하면서 동해도 일본해도 아닌 숫자로 바다 이름을 쓰자는 제안을 했다. 우리 입장에서는 절반의 승리라고도 할 수 있을 텐데, 일본은 또 이 때문에 시끄러웠다.

이 문제에 대한 중국 입장은 뭘까? 중국 정부는 "일본해가 국제적으로 통용되는 이름"이라면서도 "두 나라 사이에 원만히 해결되길 바란다"라고 밝히고 있다. 지난 2008년 베이징올림픽 폐막식에서는 일본해가 표기된 지도를 사용하기도 했다.

또 중국의 많은 공식 기관들이 일본해 표기를 사용하고 있다. 최근에는 한일 간 문제를 의식해서인지 조금씩 변화가 보이기도 한다. 대표적인 포털사이트인 바이두 지도에는 아예 아무 이름도 쓰지 않고 있다.

중국 입장에서는 '동해'라는 이름이 조금 부담스러운 이유가 있다. 왜냐하면 중국에도 동해가 있기 때문이다. 우리가 동중국해라고 부르는 바다다. 황해의 아래쪽, 제주도 이남 중국쪽 바다를 중국에서는 동해라고 부르기 때문에 이름이 겹칠 수가 있다.

하지만 이건 그다지 큰 문제가 아니다. 공식 이름이 동해라고 해도, 중국에서는 '한국동해'라는 식으로 쓰면 되는 일이기 때문이다.

중국에서는 예부터 우리의 동해 이름을 다르게 부르기도 했다. 원나라와 명나라 초기에는 '경해'라고 불렀다. 바로 고래가 많이 산다는 이유 때문에 '고래 경'(鯨) 자를 써서 이런 이름을 썼던 것이다. 금나라를 세웠던 여진족의 후예였던 만주족들은 '금해'라고 부르기도 했다.

중국의 14번째 소수민족, 조선족

"우리나라는 단일민족 국가다." 흔히 듣는 말이다. 요즘 같은 다문화 시대에는 단일민족을 강조하는 데 대한 비판도 많다. 중국의 경우는 '단일민족' 같은 개념 자체가 없다. 중국은 여러 민족이 한 나라를 만들어서 살고 있는 '다민족 국가'다.

모두 56개 민족이 있다. 이 중에서 가장 많은 숫자를 차지하는 건 한족이다. 전체 인구의 91.5% 정도다. 중국 인구를 대충 14억이라고 보면 12억 8천만 명 정도가 된다. 이런 한족 인구를 뺀 나머지 민족을 통틀어서 소수민족이라고 부른다. 모두 55개다.

소수민족은 사회주의 중국이 수립된 이후에 법으로 정해졌다. 지금 숫자가 가장 많은 건 장족이다. 1700만 명 정도 된다.

회족 1050만 명, 만주족 1040만 명, 위구르족 1천만 명 정도다.

우리가 재중동포라고 부르는 '조선족'도 중국 소수민족 가운데 하나다. 전체 190만 명 정도로 14번째 순위를 차지하고 있다. 가장 인구가 적은 민족은 타타르족으로 3500명 정도다.

소수민족은 법으로라도 정해졌지만 그조차 안 된 민족도 있다. 소수민족이라는 이름도, 자기 민족의 이름도 없는 경우가 64만 명 정도 살고 있다. 한족은 나라의 주체가 된다고 해서 '주체민족'이라고 부르고, 소수민족은 그 밖의 민족이라고 말하고 있다.

소수민족이라는 말 자체가 어쩌면 조금 차별의 의미를 담고 있지만 중국에서는 너무나 일상적으로 쓰이고 있다. 신분증에도 자신이 어느 민족인지를 꼭 밝혀야 한다. 중국 헌법에는 소수민족의 권익을 보호한다는 내용이 있는데, 2018년에는 이 조항 중 일부를 "각 민족의 평등, 단결, 협력, 조화로운 관계를 유지 발전한다"라고 수정하기도 했다.

이렇게 뭔가 선언을 한다는 건 현실이 그만큼 못 따라준다는 뜻이다.

때로는 선을 넘는 언론이 필요해, 환구시보

한국과 중국 사이에 무슨 문제가 생기면, 두 나라 언론이 바빠진다. 양쪽 정부의 대책을 들으랴, 국민들의 의견 물으랴, 이걸 바탕으로 기사를 내놓으랴, 할 일이 많아진다.

그런데 『환구시보』는 한국에 강한 메시지를 내는 것으로 유명하다. 몇 년 전 미세먼지 때문에 중국과 이러니저러니 하는 일이 생기자 『환구시보』는 "중국이 미세먼지를 봉지에다 담아서 서울에 갖다 뿌렸나?"라는 기사를 냈다. 심지어 "한국의 여론은 충동적이고 쉽게 격분한다"고 평가해서 눈살을 찌푸렸다. 맞는 말도 남에게 들으면 별로 기분이 좋지 않은 법이다.

『환구시보』는 『인민일보』의 자매지로 알려져있다. '환구'(環球)는 '지구'(글로벌)라는 뜻이고 '시보'(時報)는 영어로 하면 '타임즈'라는 뜻이다. 『인민일보』는 중국 공산당 기관지이다. 우리로 말하면 집권 여당이 내는 신문쯤 된다.

그런데 중국은 공산당이 곧 국가인 체제다. 공산당이 일당독재를 하는 나라이기 때문에 『인민일보』는 공산당의 신문일 뿐 아니라 나라의 신문이기도 한 것이다. 1948년에 창간된 이 신문 때문에 중국의 현대사의 물줄기가 참 많이 바뀌었다. 문화대혁명이 일어난 것도 그렇고, 개혁개방이 시작된 것도 그렇고 무수히 많은 사건들이 이 신문에 실린 기사나 칼럼 때문에 벌어졌다. 말 그대로 엄청난 영향력을 행사했다.『인민일보』는 매우 '무거운' 무게감을 갖고 있는 언론이다.

그러다 보니 좀 속 시원하게 말하고 싶은 게 있을 때 '가볍게' 말할 수 있는 창구가 필요했다. 그래서 1993년에 주간지로 『환구시보』를 창간하는데, 이때 인민일보가 자본을 출자했다. 『환구시보』는 이제 일간지로 바뀌었지만, 어쨌든 공산당이 공식적으로 하기 어려운 말들을 대신 '질러대는' 경향이 강하다.

또『인민일보』가 조심스러워하는 국제 뉴스를 많이 보도하면서도 자체적인 수익을 내야 하다 보니, 상업성 보도가 많고 선정성이 심하다는 것이『환구시보』의 다른 특징이다.

12월 대선의 추억, 중국 외교부 논평

12월이 되면 대통령 선거의 추억을 떠올리는 이들이 많다. 그러나 2017년부터는 선거가 5월에 치러지면서 이제는 겨울철 대선을 볼 수 없게 됐다. 1987년 헌법 개정으로 직선제가 시행되면서 역대 대통령 선거는 12월 16일부터 19일 사이에 치러졌다.

중국 정부는 우리나라 대통령 당선이 공표되면 그때마다 곧바로 외교부의 논평을 내놓았다. 1987년 노태우 대통령 당선 때는 외교 관계가 수립되지 않았던 시절이어서 공식 논평은 없었다. 하지만 당시에도 중국 『인민일보』는 다른 후보들이 선거 무효를 주장하고 있고 많은 시위가 진행된다는 사실을 자세히 보도했다.

1992년 대선은 한중수교가 이뤄진 지 넉 달 만에 치러졌다. 김영삼 대통령 당선 직후 중국 외교부 우쉐첸 대변인은 "한중수교에 관한 공동성명 정신에 입각해 선린우호 협력 관계를 발전시키기를 바란다"라고 논평했다.

1997년에는 김대중 대통령이 당선되자 탕궈창 대변인이 "열렬한 축하"와 더불어 "두 나라 국민의 근본 이익에 부합하고 아시아태평양 지역의 평화, 안정, 발전을 위해 선린우호협력 관계를 발전시키자"라고 말했다.

2002년 노무현 대통령 때는 "대통령의 지도력으로 새로운 성과를 이루기 바란다"라고 짤막하게 평했다. 2007년 이명박 대통령 때는 "한국과 중국의 공동 노력으로 양국의 전면적인 협력동반자관계를 지속, 발전하자"라고 했다.

2012년 박근혜 대통령 때는 화춘잉 대변인이 "두 나라의 전략적, 정치적 상호 신뢰를 증진하고 각 분야에서 교류와 협력을 통해 관계를 발전해나가자"라고 말했다. 2017년 문재인 대통령이 당선됐을 때는 "중국이 한중관계를 고도로 중시하고 있고,

상호 이해와 상호존중의 기초 위에서 정치적인 상호 신뢰를 공고히 하고 이견을 적절히 해소하면서 협력을 강화하여 양국 관계를 건강하고 안정적으로 발전시키자"라고 말했다.

중국의 논평은 공식적인 틀을 벗어나지 않았다. 하지만 속을 자세히 들여다보면 당시 한중관계가 어떤 상태였는지를 미루어 짐작할 수 있다.

어디까지 왔나? 한중관계

우리나라 대통령 당선자에 대한 중국 외교부의 공식 논평안에는 사실 한중관계를 나타내는 표현이 고스란히 들어있는 경우가 많다. 외교 관계, 그중에도 동반자 관계를 나타내는 수사적인 표현은 여러 가지가 있다.

한국과 중국은 1992년 수교 당시에는 '선린우호협력관계'라고 표현했다. 두 나라가 좋은 이웃으로 잘 지내자는 뜻이었다. 1998년에는 '협력동반자관계'로 격상됐다. 동반자라는 표현이 들어가면서 조금 더 친밀감이 강해졌다.

2000년에는 '전면적 협력관계'라고 표현했다. '전면'이라는 말이 들어가면서 어느 한 분야도 소홀히 할 수 없다는 뜻을 나타냈다. 2003년에는 전면과 협력, 동반자를 다 넣어서 '전면적 협력동반자관계'라고 표현했다.

2008년에는 '전략적 협력동반자관계'라고 '전략'을 강조했다. 이런 표현들은 어떻게 보면 수사적인 수준에 그치고 있다고 해도 과언이 아니다. 예컨대 한미관계의 경우에는 이런 표현을 쓰지 않는다. 한미 양국은 가장 강력한 관계를 나타내는 동맹관계라고 쓴다. 한일관계는 미래지향적 성숙한 동반자 관계라는 표현을 쓰고 있다.

한중관계에서는 박근혜 정부 시절 2014년에 '성숙한 전략적 협력 동반자 관계'라는 표현도 등장했다. 하지만 2년 뒤 사드 배치 문제로 머쓱해지고 말았다. '동반자 관계'는 모든 나라와 맺는 건 아니다. 필요할 때 적절하게 사용하고 있다.

우리는 멕시코, 러시아, 베트남, 캐나다, 인도 등과도 이런 표현을 쓰고 있다. 그런데 거꾸로 생각해보면, 관계를 나타내는 말들이 다 수준이 정해져있어서 예를 들어 "한중관계가 '전략적 협력 동반자, 관계다'라고 말하면, 이건 "'전략적 동맹관계'는 아니다" 이런 말과 같은 뜻이 된다.

그러니까 한중관계를 외교 관계의 최상의 수준에는 둘 수 없다는 말이 되기도 한다. "우리는 친하지만, 여기까지야"라고나 할까? 그나저나 지금 한중관계, 전략적 협력 동반자 맞을까? 질문해 보고 싶다.